Les Cahiers d'Irem

2

LES ÉDITIONS DE L'ŒIL DU SPHINX

36-42 rue de la Villette
75019 PARIS, France
www.œildusphinx.com
ods@œildusphinx.com

© 2016 LES ÉDITIONS DE L'ŒIL DU SPHINX
ISBN: : 979-10-91506-49-6
EAN : 9791091506496
Collection Les Cahiers d'Irem N°2
ISSN de la collection : 2275-9670
Dépôt Légal : juin 2016

FULCANELLI ET LES ALCHIMISTES ROUGES

FULCANELLI ET LES ALCHIMISTES ROUGES

ROGER FACON

LES ÉDITIONS DE L'ŒIL DU SPHINX
36-42 rue de la Villette
75019 PARIS, France
www.œildusphinx.com
ods@œildusphinx.com

« *Les voiles tombèrent...* »

JEAN RAY, *Malpertuis*

Chapitre 1

J'ai dix ans. Je croise un voisin mort au bras de son épouse vivante. Un camionneur. On l'a enterré deux semaines plus tôt, il s'était fait écraser par son camion aux freins mal serrés. Il a l'air normal quand je le croise dans la rue au bras de son épouse. Vêtu d'un complet veston, d'un pull chaussette, il paraît juste un peu pâle. Le lendemain, ma grand-mère paternelle, Louise Patin, que j'appelle « Patin à roulettes » par pure tendresse, m'écoute avec de petits hochements de tête décrire la scène. Elle m'explique qu'il ne faut pas raconter ça à mes parents ni à mes copains, car ils ne me croiraient pas. Si je revois le mort, il faut que je lui en parle, mais à elle seulement. Je ne revois pas le mort, mais ma grand-mère change d'attitude à mon égard. Elle me dit que je suis un peu comme son père disparu. Je suis sensible aux « signes ». Il ne faut surtout pas chercher à les provoquer, il faut juste les accueillir. Et apprendre ce que les gens ne savent plus, car les gens vivent comme des sourds et des aveugles. Tout ce qu'il faut apprendre est dans les livres. Enfin certains livres. Aussi me laisse-t-elle le libre accès de sa bibliothèque au premier étage de sa demeure du boulevard Drion, à Aniche, dans le Nord. Je me mets à dévorer des ouvrages parlant des Rose-Croix, des Templiers, des Cathares, des Francs-Maçons, des Alchimistes... Mais aussi des vampires.

Tout un pan de la bibliothèque de ma grand-mère rassemble des romans parus au Fleuve noir. Je frémis avec B.R. Bruss, Kurt Steiner... Et les autres... Tous les autres.

Parfois, quand il pleut et que je dessine, ma grand-mère me parle de son père Léon et de Fulcanelli... Si elle est d'humeur joyeuse et si je réussis un beau dessin, j'ai le droit de feuilleter les carnets gaînés de cuir du « vieux Léon ».

Je n'ai pas connu mon aïeul Léon Patin, mort en 1941, neuf ans avant ma naissance. Mais mon grand-oncle Henri, charron, autodidacte cultivé, m'en dit le plus grand mal. Henri le charron se revendique anarchiste, il ne croit ni en Dieu ni au Diable. Pourtant, chaque fois qu'on parle de Léon Patin, il dit : « Arrête de t'intéresser à lui ! C'était le Diable, ce type -là, tu m'entends ? le Diable !... »

Il était alchimiste, Léon-le-Rouge.

Il pratiquait la voie du verre.

Il invoquait les esprits.

Il devisait avec des créatures en provenance de l'Autre Monde.

Il faisait apparaître des fantômes dans le salon de son ami le docteur Caffeau. C'était du moins ce que prétendaient les bourgeois d'Aniche qui le craignaient et faisaient le signe de croix à son passage.

UNE BELLE DISTINCTION A MONCHECOURT

Dimanche, à la salle de la Société Industrielle, à Lille, il a été procédé au cours d'une conférence faite par M. Louis Blériot, dont le compte rendu est paru dans notre édition d'hier, à la remise de hautes récompenses.

Parmi les lauréats se trouve M. Léon Patin, chef porion aux mines d'Azincourt. M. Léon Patin est né à Aisby (Nord), le 21 juin 1868. Il est entré aux mines d'Anin le 31 août 1880. Il aura donc dans quelques mois cinquante années de travail ininterrompu dans les travaux souterrains de houille. Il n'a jamais été malade ni blessé. Il fut nommé porion le 1er janvier 1895 et chef-porion le 1er avril 1902.

Entré aux mines d'Azincourt le 1er septembre 1910, il a conduit les travaux avec une justesse de vue et une autorité

M. Léon PATIN

qu'on rencontre rarement chez un agent de son grade et les résultats de son activité se sont faits rapidement sentir.

Le tonnage extrait a augmenté et la qualité des produits a été améliorée, grâce aux dispositions qu'il s'employa avec une grande persévérance à faire appliquer par tout le personnel sous ses ordres.

Après l'armistice, pendant la période difficile du dénoyage du puits N° 1 et du relèvement de ses galeries, M. Patin fit preuve d'une grande prudence et d'une remarquable énergie.

Pendant l'occupation, il a réussi, malgré plusieurs dénonciations et perquisitions, à cacher 8.000 kilos de cuivre et bronze industriels dans les galeries souterraines.

Toujours accueillant, toujours de bonne humeur, cet excellent chef est estimé et aimé de tous ceux qui travaillent avec lui, employés et ouvriers.

Solide comme un roc, il ne songe pas encore à un repos qu'il a bien mérité.

L'attribution de la médaille d'or de la fondation Émile et Omer Bigo, est la récompense et le couronnement de cette belle carrière, toute de courage, de ténacité et de dévouement. L'honneur de cette distinction rejaillira sur toute la vaillante phalange des agents de maîtrise des houillères du Nord.

001 — Léon Patin, Réveil du Nord du 20 janvier 1930. Imprimé 186 rue de Paris à Lille par Émile Gest.

Chapitre 2

J'ai quatorze ans en 1964 et je sais que le monde n'est pas tout à fait ce qu'on voudrait me faire croire.

On, pronom personnel indéfini derrière lequel se dissimulent mes parents, mes profs, mes copains. Ils passent à côté de l'essentiel en se fiant au monde des apparences.

Il existe un autre monde...

Mais ce monde-là ne les intéresse pas. Quand j'essaye de l'évoquer, ils me regardent avec de grands yeux ronds.

Tant pis pour eux.

Je m'intéresse à l'autre monde à cause du mort que j'ai croisé au bras de sa femme vivante, mais surtout à cause de ma grand-mère paternelle, Louise Patin à roulettes. Elle, elle s'y est intéressée à cause de son père Léon. Ça fait comme une chaîne... Je rêve souvent d'une chaîne. Elle scintille dans la nuit. Elle est tout en or. Je la découvre près d'un chemin désert ou d'un ruisseau, posée sur un écrin de mousse. Des fées me poursuivent... Elles sont minuscules, dotées d'ailes comme les libellules.

Il m'arrive des tas d'aventures dans le monde des fées. Je m'en souviens avec plus ou moins de précision au réveil. Il m'arrive de les noter sur les pages d'un petit carnet... Comme mes poèmes. Avant d'arracher ces pages et de les brûler.

Mon aïeul Léon Patin avait aussi pour habitude de noter ses rêves.

Des rêves alchimiques pour l'essentiel.

Ma grand-mère a essayé de retracer le parcours occulte de son père Léon et elle est parvenue à un résultat qui ne la satisfait pas vraiment. Elle continue de chercher et me donne des détails qui ont tendance à me passer par dessus la tête. Je suis trop occupé à repasser en boucle mes 45 tours d'Elvis, des Chaussettes noires et de Dany Logan.

Je comprends néanmoins que tout ça, c'est à cause d'Alphonsine... Alphonsine Thomassin, l'égérie de mon aïeul. Elle avait seize ans quand Léon Patin a fait sa connaissance. À Aniche. Chez son ami le docteur Caffeau.

J'ai quatorze ans en 1964. Je veux devenir verrier. J'ai mon plan. Besoin d'un tourne-disques neuf pour écouter mes chanteurs préférés. Besoin d'argent de poche. Si je parviens à entrer à la verrerie d'en-Bas, à Aniche, pour le mois d'août, sous prétexte de gagner mon argent de poche, je n'aurai qu'à manœuvrer un peu pour me faire embaucher définitivement. C'est l'époque du plein emploi, le chômage n'existe pas. J'entre donc à la verrerie d'en-Bas et je tombe de haut ! Je me retrouve en enfer. Je décharge des camions bourrés de bouteilles d'acétylène. Un travail de bagnard. Rentré chez moi, c'est ma mère qui m'enlève mes chaussures. Je suis cassé en deux. J'ai les mains en sang.

Je ne serai pas verrier. J'entrerai le mois suivant en classe de troisième au collège Basuyaux pour préparer le concours d'entrée à l'école normale d'instituteurs de Douai. Ce qui m'obligera à passer tous les jours, rue Gibour, devant le domicile d'Alphonsine Thomassin, veuve de mon aïeul Léon épousé en secondes noces.

Alphonsine m'aime bien. Elle guette souvent mon passage dans la rue et m'interpelle joyeusement. J'ai droit à une limonade et des gaufrettes. Elle essaye de me tirer les vers du nez. Car entre Alphonsine et ma grand-mère, c'est la mésentente cordiale, la détestation exemplaire. Les deux femmes se fréquentent parce qu'elles ne peuvent pas faire autrement, elles l'ont juré à Léon sur son lit de mort. J'essaye de contrôler la situation. De dire ce qu'il m'est permis de dire. Ni trop ni trop peu. Et d'en tirer parti.

Car j'ai un patrimoine à défendre même s'il est invisible. Le patrimoine que mon aïeul a constitué à partir de ses miroirs. Il me revient de droit. Je suis le seul descendant de Léon Patin. Son seul arrière-petit-fils. Après moi, le déluge. Je sens ça confusément. Alors je manœuvre, j'écoute Alphonsine dire du mal de ma grand-mère en rongeant mon frein. J'engrange les renseignements. J'ai conscience d'appartenir à une famille de fêlés, mais, au fond, ça me plaît.

Chapitre 3

Léon Patin, né le 21 juin 1868 à Aubry du Hainaut, près de Valenciennes, est un fils du solstice.

Mineur de fond, il se revendique dandy, poète, conteur, mais aussi aquarelliste. Il brûle d'écrire des vaudevilles comme Feydeau. Les femmes adorent la façon dont il les fait rire. Et les séduit... Car Léon est un grand séducteur. Tandis que son frère aîné Florimond devient directeur de l'octroi de Valenciennes, Léon s'arrache à l'enfer des galeries minières grâce à la faiblesse coupable d'une femme d'administrateur de la compagnie des mines d'Anzin qui couvre ses « fugues » bruxelloises.

Payé par ladite compagnie pour extraire du charbon dans des conditions dignes du *Germinal* de Zola, Léon fait surtout la noce à Bruxelles où il fréquente les milieux anarchistes. Il fait la connaissance de Georgette Leblanc. À l'époque, Georgette chante *La Navarraise* et répète *Carmen*. Elle a souvent des coups de cafard, il la réconforte. Il n'en oublie pas pour autant de faire le nègre pour une poignée de littérateurs qui le payent à la ligne. Il fréquente aussi un vieux libraire qui l'initie à l'alchimie.

Mais une alchimie très particulière.
Celle du verre.

L'alchimie est à la fois une science et une ascèse. Elle vise non à transformer le plomb en or comme le prétend l'imagerie populaire, même si l'Adepte, parvenu au terme de sa quête, y parvient par l'obtention de la « pierre philosophale » ou médecine universelle, mais à affranchir l'alchimiste de la maladie et de la mort. Affranchissement obtenu par la transformation conjointe et simultanée de l'alchimiste et de sa matière. Dans le cadre de la voie du verre, mon aïeul Léon Patin se sert d'un petit four construit par des amis verriers, réplique à échelle réduite de ceux qu'ils ont construits ou vu construire dans les verreries où ils travaillent. La matière première que Léon utilise pour ses travaux alchimiques est un bloc de fulgurite, substance hyaline naturelle, minérale (bioxyde de silicium), obtenue à la suite d'un impact de foudre. Elle a la consistance d'un verre naturel de teinte rouge foncé.

Léon chauffe son four à l'aide de bois de hêtre. Il y mêle de la racine de fougère.

Au cours de la fusion, plus exactement des trois phases de fusion (de sept, quatre et trois heures) qui oscillent entre 1150° et 1420°, son bloc de fulgurite devient complètement liquide. Il lui faut alors écrémer la paraison, la débarrasser du « fiel de fer », des scories, ou « laitiers » assimilés au Mercure des Sages et à l'aile de corbeau, signe alchimique de la dissolution.

Des dégagements gazeux se produisent, lesquels peuvent s'avérer dangereux. Mais d'autres méritent d'être inhalés à certaines heures de la nuit de veille, on les appelle « parts des anges ». Ces parts angéliques sont éminemment bénéfiques, elles purifient l'alchimiste verrier, elles renforcent ses capacités spirituelles et altruistes.

Les pages des carnets de Léon Patin sont truffées de créatures angéliques et autres silhouettes évanescentes. Les teintes jaunes, orangées, bleutées qu'il utilise en aquarelliste talentueux ont des correspondances liées aux différentes phases de transformation de sa matière première (fulgurite), elles-mêmes liées aux températures que l'alchimiste doit absolument maîtriser.

Je comprends cela aux minuscules thermomètres que mon aïeul a pris soin de dessiner sous les ailes de ses créatures angéliques.

Pour le reste, je suis plutôt partagé. Mais ma grand-mère l'est aussi... Et ça me rassure

CHAPITRE 4

Léon Patin aime Aniche, la cité du verre et du charbon sise entre Douai et Valenciennes. Il y vient depuis 1895. Avec une assiduité renforcée à partir de 1898. Léon y a des amis, parmi lesquels le docteur Caffeau, passionné de spagyrie, d'alchimie et de spiritisme, qui se rend chez ses patients en calèche et adore la vie parisienne. Caffeau entretient une très jeune femme d'une beauté stupéfiante, Jeanne Thomassin, fille de verrier. Jeanne a une sœur, Alphonsine.

Belle à couper le souffle, elle aussi.

C'est donc chez le docteur Caffeau que Léon Patin fait la connaissance de celle qui va devenir son égérie, sa « Dame Pernelle ».

Car Alphonsine a des dons médiumniques.

Elle converse avec les esprits au cours de séances nocturnes, fort prisées du docteur que je viens d'évoquer. Ces séances se déroulent le mardi ou le jeudi. Caffeau y invite surtout des amis venus de Douai. Alphonsine fait sensation en devisant avec l'esprit de Jean-Martin Charcot, le neurologue et professeur d'anatomie, mort académicien. Elle donne des détails scientifiques que seul un médecin pourrait connaître, ce qu'elle n'est pas, contrairement à l'amant de sa sœur.

Parmi les habitués des séances du mardi ou du jeudi soir figurent un anarcho-syndicaliste, Roger Schneider, et un jeune dandy nommé François Jollivet Castelot qui connaît bien Aniche où résident ses beaux-parents, les Hequet-Capeau, installés Boulevard National.

Né en 1874, à Douai, Jolllivet Castelot s'affichait royaliste avant de prendre conscience de la misère sociale et de basculer dans l'anarchie. Sa complicité avec Léon Patin et Roger Schneider est totale. Disposant d'une fortune personnelle qui le met à l'abri des contingences financières, Jollivet Castelot est écrivain. Il a publié des ouvrages remarqués par la critique. Les Rose-Croix, les Templiers, les Cathares, les Alchimistes le fascinent. Il fréquente les milieux occultistes parisiens. Il suit de très près la recherche médicale, plus particulièrement la « métallorapie », l'étude de l'action aesthésogène des métaux sur la peau, passion qu'il partage avec le docteur Caffeau. Ami du mage Papus, du marquis de Guaita, du Sâr Péladan, grandes figures de l'occultisme parisien, Jollivet Castelot, fondateur de la Société alchimique de France et directeur de la revue *Hyperchimie*, a publié *L'Alchimie* au Mercure de France en novembre 1895, l'année suivante *L'Hylozoïsme, l'alchimie, les chimistes unitaires*, avec une introduction de Sédir. Il a récidivé en 1897 avec Comment on devient alchimiste — traité d'hermétisme et d'art spagyrique basé sur les clefs du tarot, préfacé par le docteur Gérard Encausse, alias Papus. Et il a en préparation *Le Grand-Oeuvre alchimique* qu'il publiera en 1901.

Rien d'étonnant à ce qu'en présence de Jollivet Castelot, la jeune médium Alphonsine Thomassin entre en contact avec des « entités » se préoccupant d'alchimie et dicte quelques conseils opératifs à celui qui préside la Société Alchimique de France. Les « entités », pour les détracteurs du commerce avec les esprits, ne seraient que le produit de l'imagination du médium et du subconscient des personnes acceptant de se prêter au jeu des séances médiumniques. Dans cette optique, Alphonsine devise avec l'esprit du neurologue Charcot parce qu'elle se trouve dans la même pièce que le docteur Caffeau qui se passionne pour la neurologie. Même chose pour les « entités » ayant de leur vivant cherché à obtenir la pierre philosophale, elles dispensent par le canal d'Alphonsine leurs conseils hermétiques à cause des alchimistes Caffeau, Jollivet Castelot, Patin et Schneider présents dans la pièce... Plongée dans le sommeil magnétique par le docteur Caffeau, Alphonsine Thomassin ne faisait jamais que capter les ondes mentales et des invités et dudit docteur. Pas de quoi en faire un fromage. C'est la conclusion à laquelle je suis parvenu en dévorant les bouquins de spiritisme que recèle la bibliothèque de ma grand-mère. Mais ça ne me dispense pas d'être fasciné par la personnalité de Roger Schneider.

Mon père Roger, le fils unique de Louise et de Charles Facon, son mari qui a fait la guerre des Dardanelles, est un « rouge », il milite à la CGT. Il m'a transmis les valeurs de la classe ouvrière auxquelles je suis en 1965, malgré mon jeune âge, viscéralement attaché. Mon père est un Don Quichotte, il mène un combat syndical courageux. Son nom est écrit « à l'encre rouge » chez les patrons et les curés locaux. Comme Roger Schneider en 1898...

Schneider, l'ami de mon aïeul Léon Patin, est né le 8 novembre 1866 à Haumont. Anarchiste, partisan de l'amour libre, il est l'un des fondateurs du syndicat des verriers d'Aniche rattaché à la CGT. Il pratique l'alchimie du verre à laquelle l'a initié mon aïeul. Il est comme Caffeau et Patin un peu voyant. Mais c'est surtout un « étonnant voyageur », il s'est rendu en Suisse, en 1895, et y a rencontré un certain Vladimir Illitch Oulianov, dit Lénine... Schneider est en outre un habitué du cabaret parisien du Chat Noir, à Montmartre.

Schneider se rend fréquemment à Bruxelles. Il fréquente les milieux anarchistes bruxellois.

Est-ce à Bruxelles que Roger Schneider a fait la connaissance de Léon Patin ? À Valenciennes ? À Paris, au Chat Noir que fréquentaient Léon Patin et Jollivet Castelot ?

À Bruxelles, disait ma grand-mère qui boudait parfois Schneider pour des raisons sur lesquelles je reviendrai. Mais elle avait de l'admiration pour son courage... Schneider avait frôlé la mort à plusieurs reprises. Dans des circonstances très particulières.

Chapitre 5

Roger Schneider pousse le syndicat des Verriers d'Aniche à se rendre acquéreur, en 1899, pour la somme de seize mille francs, d'un terrain qui servira à l'édification d'une Maison du peuple, rue de la... Pyramide.

Clin d'œil évident à l'Égypte ancienne.

Mais pas seulement.

L'Égypte ancienne se divisait en Haute-Égypte et Basse-Égypte. Il n'était pas rare que dieux et déesses fussent honorés dans ses temples sous forme de triades... À Memphis, citons Ptah, dieu principal, Sekhmet, déesse à tête de lion, et Nefertêm, dieu anthropomorphe coiffé de lotus. Mais aussi Osiris, Isis et Horus.

L'âge des pyramides par excellence commençait avec la IIIe dynastie et s'achevait avec la VIe.

Le 2, le 3 et le 6 se retrouveront sous forme de pignons, de triangles et de losanges sur la façade de la Maison du peuple voulue par Schneider et ses camarades anarcho-syndicalistes. Cette maison sera érigée bénévolement pendant la grande grève des verriers de l'année 1900. À Aniche, le XXe siècle s'ouvre par une grande grève et l'érection d'une Maison du peuple qui intègre dans les éléments à la fois structurants et décoratifs de sa façade des symboles fondamentaux de l'Égypte ancienne. Car elle en impose la façade à rue avec ses deux grandes pointes de pignons qui se terminent par deux pyramides ! Deux grandes pointes rappelant les deux colonnes du Temple de Salomon, d'inspiration égyptienne, les colonnes Jakin et Boaz. Deux pyramides visibles trouvant leur légitimité dans la pyramide invisible, suggérée par la rue du même nom.

À la base des pyramides est un damier de trois par sept.

Trois en hommage à Thot, le dieu fondateur de l'alchimie, le Hermès Trismégiste, le trois fois grand.

Sept comme les sept stades de transformation de la matière sans lesquels il n'est pas d'obtention possible de la Pierre philosophale menant à l'affranchissement de la mort.

D'autres « indications charitables » sont gravées dans la brique pour faciliter le travail au fourneau des compagnons d'Hermès que Schneider a voulu soustraire au regard des ignorants. Ces indications ne sont pas visibles depuis la rue de la Pyramide, elles ne le sont que pour les rares « élus » : les verriers rouges et leurs protecteurs bruxellois et parisiens, parmi lesquels un mystérieux « Fulcanelli », seuls admis à pénétrer dans la cour intérieure de la Maison du peuple que les générations à venir ombreront d'arbres... Car un jour viendra où « la Sociale » sera l'horizon indépassable du genre humain.

Alors naîtra la société sans classes, au sein de laquelle l'homme sera le forgeron de son propre destin, le moissonneur de la paix.

002 — Hôtel du Syndicat à Aniche (United State Public Domain)

Qui est ce Fulcanelli se mêlant de dicter à Roger Schneider ce qu'il doit faire de la façade d'une Maison du peuple, sortant d'une terre à charbon, en pleine grève ? Un alchimiste s'apprêtant à entrer dans la légende, à devenir une sorte de Nicolas Flamel « moderne » parce qu'il reste quelque part notre contemporain. Il a voyagé par le rail comme nous, il a connu l'électricité, l'avion, le cinéma...

On va écrire des tas de livres sur lui en Europe comme aux États-Unis. Créer des circuits touristiques « Fulcanelli », pour s'imprégner des lieux évoqués dans ses livres. On va s'interroger sur son état civil, essayer de reconstituer son parcours supposé d'ingénieur, lui prêter des identités successives sans parvenir à résoudre l'énigme qu'il incarne.

À l'aube du XXe siècle, peu d'hommes et de femmes connaissent Fulcanelli. Ce patronyme vaguement italien n'a pas été attribué par le service d'état civil d'une municipalité des Abruzzes à l'un de ses administrés dans le cadre d'une naissance au foyer, il sert à masquer une figure en quelque sorte « prédestinée ». *Un Fils de Vulcain, un Forgeron solaire.*

Le hasard qui n'existe pas a fait en sorte que Léon Patin et Roger Schneider appartiennent à cette poignée de privilégiés qui connaît Fulcanelli en 1899-1900 et partage une partie de ses travaux.

C'est aussi le cas de François Jollivet Castelot, parisien de cœur, en qui des historiens de l'alchimie, aujourd'hui encore, voient Fulcanelli, et du docteur Caffeau, lequel multiplie les escapades parisiennes avec Jeanne Thomassin et ne manque pas de fréquenter le cabaret du Chat Noir où « l'ambassadeur de Vulcain » aime s'encanailler.

Ma grand-mère paternelle n'a rencontré Fulcanelli qu'une seule fois. À Montmartre, chez des amis de son père, mais elle est restée vague. C'était en 1928 ou 1929. Mon aïeul Léon donnait à l'alchimiste du « Mon cher Maître ». C'était un beau vieillard barbu, vêtu avec élégance. Il avait offert à la fille de Léon le livre qu'il venait de publier sous le pseudonyme de Fulcanelli. *Le Mystère des cathédrales...* Sans dédicace. « La dédicace sera pour plus tard » avait-il dit en souriant à la jeune femme.

La dédicace n'est jamais venue.

« J'ai refusé de revoir Fulcanelli » m'a confié ma grand-mère à l'aube des années soixante-dix.

Je reviendrai, le moment venu, sur les raisons de ce refus.

Chapitre 6

Pour l'heure, fort des confidences de ma grand-mère paternelle et de celles de son ennemie intime Alphonsine Thomassin, je fais mien le message « égyptien » de la Maison du peuple d'Aniche qui porte l'empreinte de Fulcanelli. Depuis 1905, cette maison ouvrière abrite l'Idéal cinéma... J'aime m'y rendre avec mes copains, le dimanche après-midi, visionner des péplums ou des westerns. Dès que j'ai un moment de libre, je le passe à scruter sa façade, ce qui m'oblige à tourner le dos à l'église, tout un symbole là encore.

En 1905, pour le verrier alchimiste Roger Schneider, en contact avec des anarchistes et des socialistes révolutionnaires russes, l'avenir du monde va dépendre plus que jamais de l'Égypte et de la Russie.

Je ne peux m'empêcher d'y voir la justification des paroles de la Jeune Garde, chant révolutionnaire que j'affectionne particulièrement, en bon fils de cégétiste :

Empereurs et rois, tous au tombeau.
Tant pis si la lutte est cruelle.
Après la pluie, le temps est beau.

La Maison du peuple d'Aniche, qui sort de terre dans les premières années du XXe siècle et se place sous la protection symbolique des pyramides d'Égypte, entend être une Maison de vie syndicale, un temple de la transformation sociale, un athanor de la lutte des classes.

Son concepteur, Roger Schneider, est l'un de *ceux qui savent*.

Schneider, Patin, Jollivet Castelot ont beau passer pour des « originaux » aux yeux des bourgeois qu'il leur arrive de côtoyer, ils n'en connaissent pas moins les grandes lignes du destin de l'humanité dans laquelle ils se fondent. Ils n'ignorent pas ce qui est appelé à sortir d'Égypte et de Russie... Le meilleur et le pire. Surtout le pire.

Schneider, Patin, Jollivet Castelot sont alchimistes. Ils travaillent au fourneau. Ils connaissent les longues nuits de veille devant l'athanor. Sous couvert de spiritisme et d'hyperchimie, tous trois s'intéressent à une voie alchimique totalement occultée, une voie qui n'intéresse pas les historiens de l'alchimie, mais n'en est pas moins déterminante. La *voie du verre*... Masquée par ce que j'appellerai, faute de mieux, « l'alchimie sociétale ». L'alchimie de la transformation sociale, économique et politique du monde. L'alchimie qui cherche à réconcilier l'humanité déchue avec l'aspiration à la terre nouvelle et aux cieux nouveaux dont parlait l'évangéliste Jean et s'avère totalement déconsidérée, depuis des millénaires, car elle s'est faite phagocyter par *la voie noire*, l'alchimie inversée. L'alchimie du mal.

La *materia prima*, la matière première de l'alchimie sociétale est à chercher du côté des nations... C'est-à-dire, selon Ernest Renan, d'une mosaïque d'âmes-patries, nourries de principes spirituels ouvrant sur le vivre ensemble, mais aussi de principes guerriers les poussant, cycliquement, à s'entre-déchirer, à s'entre-tuer.

Chapitre 7

Où, quand, comment Léon Patin l'anarchiste, le mineur de fond, a-t-il contacté le virus de l'alchimie ?

Certainement pas dans les galeries minières où règne l'exploitation de l'homme par l'homme, mais plutôt en feuilletant des livres ornés de planches illustrées plus ou moins charitables. Léon fréquente dans les années 1892-93 quelques libraires et étudiants bohèmes de l'École des Beaux-Arts de Valenciennes. Il aime lire, chiner des vieux livres et dessiner. Bruxelles n'est pas loin par le chemin de fer. Sa protectrice au sein de la compagnie des mines d'Anzin se rend souvent à Bruxelles. Il la retrouve là-bas.

Selon les confidences qu'il fera plus tard à sa fille Louise et à son égérie Alphonsine, c'est un libraire bruxellois qui l'a initié à l'alchimie dans les années 1893-94-95. Un vieil homme qui dispensait ses cours à l'ombre de l'église Saint-Nicolas.

003 — Eglise Saint-Nicolas, Bruxelles (ODS)

Là encore, rien d'étonnant. Saint Nicolas protège les enfants, les orfèvres, les voyageurs et les alchimistes. Il est le saint patron des faiseurs d'or. Ses attributs sont l'âne, le singe et les pommes d'or qu'il distribue autour de lui.

L'église Saint-Nicolas de Bruxelles a été reconstruite en même temps que la Grand-Place voisine, suite aux bombardements de 1695. Dans son *Bruxelles mystérieux* (Rossel, 1976), Saint Hilaire rapporte : « Elle est dédiée à Saint Nicolas, patron des orfèvres, dont les boutiques entouraient — et entourent encore — le sanctuaire, proposant leur or ou prêts à acheter celui qu'aurait fabriqué l'Adepte heureux.

« Dès l'entrée, un geste est réclamé au visiteur : celui de venir caresser l'insolite pied de cuivre, usé, d'un Christ aux outrages polychrome. La mort et la putréfaction de la matière première sont, en effet, la condition préliminaire à la transmutation métallique, promise aux lambris du chœur par les miracles de l'évêque Nicolas.

« Un ange portant une tête de mort le répète au-dessus de l'autel latéral du patron des orfèvres, en présence de saint Pierre détenant les clefs de la pierre philosophale, d'un saint Jean apôtre de la nécessaire Connaissance, et d'une sainte Barbe, dont la tour figure l'athanor ou fourneau des Sages, et qui protégeait l'alchimiste des explosions, avant que les canonniers, les mineurs et les pompiers ne revendiquent ses services. »

On rejoint la Grand-Place à partir de l'église Saint-Nicolas en montant par la rue au Beurre. Sept rues conduisent à la Grand-Place alchimique de Bruxelles comme sept opérations de la matière conduisent l'alchimiste au Grand-Œuvre.

La mort, la putréfaction sont la condition préliminaire à la transmutation métallique. Même constat en ce qui concerne le processus de transmutation sociétale, l'émergence d'un monde nouveau, d'un monde parfait.

Les « alchimistes du Diable » ont hélas intégré le processus de putréfaction. Sauf qu'eux, ils s'érigent en ordonnateurs du chaos pour en faire une fin et non un commencement.

CHAPITRE 8

Léon-le-Rouge s'attelle, dès 1893, à cette tâche démoralisante qu'est l'observation du chaos, de la putréfaction préalable à l'émergence d'un monde nouveau (putréfaction appelée à servir de levain pour ceux qui savent).

Il le fait à la fois dans les galeries minières où s'agitent les damnés de la terre, dans les estaminets où se réunissent les agitateurs socialistes et anarchistes et depuis Bruxelles où il reçoit un enseignement hermétique dispensé par un vieux libraire alchimiste à l'ombre de l'église Saint-Nicolas et de la Grand-Place.

Cinq ans plus tard, à Aniche, avec Roger Schneider qu'il a coopté lors de sa fréquentation des milieux anarchistes et entraîné sur la voie alchimique du verre, Léon-le-Rouge participe aux séances médiumniques du mardi ou du jeudi chez le docteur Caffeau. À l'abri du paravent des esprits, Patin, Schneider, Caffeau, Jollivet Castelot sont à la manœuvre pour utiliser le levain de ceux qui savent, tenter d'influer sur le destin des nations avec les moyens dont ils disposent, aussi présomptueux et incongru que cela puisse paraître. Ils agissent selon un plan établi prudemment par le vieil alchimiste bruxellois dont parlera Léon Patin à sa fille et à son égérie. Un initiateur discret qui officie au cœur du Bruxelles mystérieux et est en cheville avec le non moins mystérieux Fulcanelli.

Léon Patin fréquente Fulcanelli dans les années 1928-29. Il présente sa fille Louise à Fulcanelli deux ou trois ans après la publication du *Mystère des cathédrales* (1926) puisque le « cher Maître » va offrir un exemplaire de cet ouvrage à la fille de Léon.

Mais, selon Alphonsine Thomassin, mon aïeul connaît Fulcanelli depuis les débuts de l'année 1895. Il a fait sa connaissance à Bruxelles. Fulcanelli se rendait au moins une fois par mois dans la capitale belge. Il séjournait chez des amis qui possédaient un hôtel particulier rue des chapeliers. Alphonsine ne risquait pas de se tromper, me disait-elle, car mon aïeul lui offrait des chapeaux quand ils s'y rendaient ensemble, en 1900.

Alphonsine n'était pas admise dans l'hôtel particulier en question. Seuls Roger Schneider et Léon Patin l'étaient. La jeune égérie de Léon attendait bien sagement le retour des deux hommes dans un salon de thé voisin. Devant une tasse de chocolat chaud, car elle avait horreur du thé.

Voilà pour les détails.

Qui est Fulcanelli en 1895 et après ?

Pour répondre ne serait-ce que partiellement à la question, il faut se tourner vers l'un de ses disciples qui a beaucoup écrit, beaucoup parlé et mérite d'être appelé son héraut. Le sieur Eugène Canseliet, considéré comme ayant été son seul disciple. S'il le fut peut-être au fourneau, Canseliet ne fut pas le seul « agent » de Fulcanelli dans la nature ni la cité, loin s'en faut, nous le verrons.

Né en 1899, fils d'un tailleur de pierre, Eugène Canseliet fréquente l'École des Beaux-Arts de Marseille quand il fait la connaissance de Fulcanelli en 1915. Il devient son disciple. Puis son « nègre », ou son scribe, en ce sens qu'il entreprend de mettre au propre, dès 1922, les trois paquets de notes manuscrites que le « cher Maître » a prises, de longues décennies plus tôt, au cours de ses pérégrinations à travers la France (sans compter l'Angleterre et l'Écosse) et qu'il souhaite rassembler pour produire une trilogie. C'est ainsi que Canseliet rédigera deux des trois ouvrages que Fulcanelli souhaite voir publiés. Le manuscrit du *Mystère des cathédrales* destiné, après diverses tractations, à l'éditeur parisien Jean Schemit sera remis à cet éditeur en décembre 1925 et publié l'année suivante... Le tirage sera de 300 exemplaires qui peineront à s'écouler. Suivra en 1930 chez le même éditeur la publication des *Demeures philosophales* au tirage également modeste. Quant au troisième ouvrage, intitulé *Finis Gloriae Mundi*, Fulcanelli renoncera à le voir publié. Il récupérera le paquet de notes remis à Canseliet, exception faite de quelques feuillets qui seront exploités, en 1988, sous forme de synopsis dans la revue alchimique *La Tourbe des philosophes* par Jean Laplace, disciple et ami de Canseliet. Voilà pour une partie de la légende.

Car la légende n'a pas fini de prospérer.

Grâce à Canseliet, nous savons que Fulcanelli occupait à Marseille un petit hôtel particulier doté d'un beau jardin, dans le quartier de la préfecture. À Paris, sans indication de rue ni d'arrondissement, nous apprenons du même disciple que Fulcanelli occupa toujours de spacieux locaux. La dernière demeure de l'Adepte comportait huit grandes pièces éclairées d'abondance par douze fenêtres, harmonieusement réparties entre le rez-de-chaussée en surélévation et le premier étage. Le laboratoire était installé au sous-sol.

Canseliet s'est attardé sur certaines des fréquentations de l'Adepte. Citons son « bon Thibault », en l'occurrence l'écrivain Anatole France, et l'homme politique René Viviani. Parmi les fréquentations de jeunesse de Fulcanelli, citons Chevreul, de Lesseps et Grasset d'Orcet. Ajoutons sa proximité avec Jules Grévy et Paul Painlevé. Sans oublier Berthelot. Ou Pierre Curie, son cadet de vingt ans. Ou encore le romancier Jules Verne.

Jeune ingénieur, Fulcanelli avait participé à la défense de Paris contre les Communards sous les ordres de Viollet-le-Duc.

Était-il alors « versaillais » de cœur, chasseur de « rouges » ?... Donnait-il le change à Viollet-le-Duc et ses amis « fusilleurs » ? Souffrait-il en silence de devoir participer à une guerre civile ? Canseliet fait l'impasse sur ces questions pourtant intéressantes. Dommage. Mais nous lui devons néanmoins cette information capitale : Fulcanelli avait pour ami intime Ferdinand de Lesseps.

De trente-quatre ans l'aîné de Fulcanelli, le vicomte Ferdinand de Lesseps, né en 1805 à Versailles, devient en 1832 vice-consul de France à Alexandrie.

Rien d'étonnant à cela.

L'Égypte est la seconde patrie des Lesseps.

Le père de Ferdinand, Mathieu, fait comte par Napoléon 1er, a été consul général en Égypte quand Méhémet Ali n'était qu'un simple colonel. Devenu vice-roi, Méhémet Ali prend sous son aile le fils de son ami Mathieu et obtient sa nomination de consul au Caire en 1833. Avant celle de consul général à Alexandrie, poste que Ferdinand de Lesseps tiendra jusqu'en 1837.

Notre vicomte quittera la terre des pharaons en 1839, année de naissance de Fulcanelli, pour devenir consul à Rotterdam.

Il y reviendra en 1864, à l'invitation de son vieil ami Saïd Pacha.

CHAPITRE 9

Dans les milieux occultistes parisiens et bruxellois que fréquente Léon Patin, il se dit que l'Égypte a été une colonie de « l'empire des dieux » il y a un peu plus de onze mille ans.

Platon l'appelait l'Atlantide et l'information venait d'un prêtre de Saïs. Il situait ce continent disparu au milieu de l'océan Atlantique, en face du détroit de Gibraltar. Il se serait agi d'une île plus vaste que la Libye et l'Asie réunies.

C'est d'Atlantide que serait venue l'alchimie. Mais aussi l'astrologie, l'astronomie, l'agriculture, l'élevage, la navigation.

Bref, l'Atlantide aurait été la mère de ce que nous appelons aujourd'hui « la » civilisation.

Elle incarnait un âge d'Or dont le souvenir perdurait à travers de multiples contes et légendes.

Un monde parfait.

Pourtant, la perfection de ce monde disparu lors d'un cataclysme n'avait pas empêché l'inéluctable. La preuve, s'il en était besoin, que la perfection est sans cesse à remettre sur le métier. Une fois qu'on l'a atteinte, dans l'ensemble des disciplines humaines, le plus dur reste à faire. La maintenir. S'employer à ne pas l'émousser. Sinon gare à la dissolution !

Coagulation, dissolution, deux phases de transformation de la matière sans lesquelles il n'est pas de perfection atteignable et maintenable. La disparition de l'Atlantide est un exemple à méditer. Et Léon Patin, et Roger Schneider, et François Jollivet Castelot prennent soin de méditer cet exemple. Le monde parfait à venir ressemblera nécessairement à l'Atlantide à son apogée si la sagesse l'emporte, si l'humanité finit par se ressaisir et écarter l'option du mal.

L'alchimie sera considérée dans le futur comme la science parfaite par excellence. Les biens, les moyens de production devront être mis en commun. Chacun devra pouvoir vivre selon ses besoins. La paix devra régner entre les peuples de l'âge d'Or à venir. Sans paix, pas de maintien de la perfection. Pas de civilisation digne de ce nom.

La paix, la civilisation ont présidé à l'émergence de l'Atlantide. La guerre, le chaos ont conduit à sa disparition. La guerre, le chaos ont accompagné son souvenir. Pendant plus de onze mille ans...

Mais de la guerre et du chaos, telle la fleur se nourrissant du fumier, naîtra l'âge d'Or tant attendu. Ainsi fonctionne l'horloge du monde. Le jour succède immanquablement à la nuit. Le printemps succède à l'hiver.

L'Égypte a accueilli des survivants atlantes, martèle-t-on dans les milieux occultistes que fréquente Léon Patin. Ces survivants ont maintenu cachées la flamme de l'alchimie et la flamme de la haute magie... Appelons-les magiciens blancs. Maîtres. Hiérophantes.

Mais l'Égypte a aussi accueilli des Atlantes responsables de la disparition de l'âge d'Or. Ces maîtres du chaos, ces magiciens noirs ont créé en terre d'Égypte des égrégores involutifs... Les sectateurs qui se rattachent à eux honorent le dieu Seth et la déesse Sekhmet ou Sekhmit.

Seth est le dieu à tête d'âne, l'assassin d'Osiris.
Sekhmet est la déesse du sang.

CHAPITRE 10

En juin 1901, Léon Patin réussit ce qu'il appelle une « coulée d'étoiles ». Son premier miroir sort du four. Alphonsine Thomassin a été associée à la coulée.

Alphonsine est sa « Dame Pernelle ». Comme Nicolas Flamel œuvrait au fourneau avec son épouse Pernelle, Léon a associé son égérie à ses travaux. Alphonsine lui est devenue indispensable. Elle le mène par le bout du nez, déplore ma grand-mère.

Alphonsine semble avoir affiné ses dons médiumniques et ses dons de voyance. Elle devise avec les esprits d'alchimistes atlantes et égyptiens qui ne ménagent pas leurs conseils à Léon et lui permettent de mieux travailler sa matière façonnée par la foudre. Ces esprits signalent leur présence par des effluves de myrrhe ou d'aloès. Au fur et à mesure de l'entretien, ils prennent une certaine densité. Ils forment des silhouettes constituées de sorte de grains de pollen en suspension... J'adore ces silhouettes. Mon aïeul les a croquées de manière sublime dans ses carnets. Je me surprends à les visualiser, certains soirs, avant de m'endormir. Cauchemars assurés. Tant pis. Ou plutôt tant mieux.

En juin 1902, Léon réussit la fabrication d'un miroir qui permet à Alphonsine d'entrer en contact avec des esprits ayant connu diverses incarnations en Atlantide, en Égypte, mais aussi sur une planète nommée Anahor.

Tous alchimistes.

Anahor est un mot qui me fascine. En 1965, je dévore les romans qui paraissent dans la collection Anticipation du Fleuve noir avec la même avidité que ceux d'Angoisse. Et Anahor résume le plaisir que je retire de leur lecture. J'entre par procuration dans un monde oublié. Un monde perdu retrouvé par mon aïeul. Un monde dirigé par des femmes.

En fouinant dans la bibliothèque de ma grand-mère, je découvre des exemplaires de la revue *Atlantis*. Ainsi qu'un ouvrage intitulé *L'Ère du Verseau* (Dervy-Livres, 1937). J'apprends en interrogeant ma grand-mère que l'auteur du livre et le fondateur de la revue ne font qu'un. Il s'agit de Paul Le Cour (de son vrai nom Lecour), féru d'occultisme et d'études atlantéennes. Conférencier depuis 1926, c'est-à-dire l'année où Canseliet fit publier *Le Mystère des cathédrales* rédigé à partir des notes de son maître Fulcanelli. Passionné par tout ce qui a trait à l'Atlantide disparue, Le Cour se veut l'inventeur de la formule *Aor-Agni*. Lumière-Feu. Il y voit les racines de la langue atlante.

Difficile pour moi de ne pas rapprocher *Aor* d'Anahor, la planète « découverte » par mon aïeul Léon Patin grâce à son miroir sorti du four en juin 1902... La planète où se sont réincarnés des alchimistes atlantes.

De même ne serai-je pas étonné d'apprendre que Canseliet, le disciple et nègre de Fulcanelli, fut jusqu'à sa mort un collaborateur régulier de la revue *Atlantis*.

Chapitre 11

Dans les années 1903-1904, le miroir de Léon-le-Rouge délaisse Anahor au profit de l'Égypte.

Alphonsine Thomassin voit des tombeaux, beaucoup de tombeaux reflétés par le verre alchimique.

Des tempêtes de sable.

Des ânes qui tracent dans le sable des signes compliqués que Léon s'efforce de reproduire fidèlement sur son carnet. Puis de les analyser.

Fin 1904, les tombeaux font place à des tours.

Ces tours sont luisantes de sang.

Des ânes — par groupes de 3 ou 6 — convergent vers elles malgré les tempêtes de sang. Ils lapent les flaques de sang qui s'étalent au pied des tours.

Alphonsine est saisie de vomissements au terme de ces séances mensuelles qui ont lieu soit en lune montante soit les soirs de pleine lune. Elle souffre de migraine dans les jours suivant les séances.

L'évidence s'impose pour ma grand-mère dès qu'elle a connaissance de la chose (en 1915). Léon Patin et son égérie se livrent à des séances de magie cérémonielle. Elle en fait la remarque à son père, lequel ne cherche pas à dissimuler l'évidence. Magie cérémonielle, en effet.

Les rituels d'ouverture et de clôture des séances évocatoires centrées sur le miroir alchimique ont été dictés à Alphonsine Thomassin par une « entité ». Laquelle entité se fait appeler « Keish ». Elle se dit l'âme d'un magicien de Saqqara ayant appartenu à l'entourage du divin Imhotep.

Nous sommes en 1965. L'Égypte vient d'entrer dans ma vie pour ne plus en sortir. Je vais prendre l'habitude de me ruer sur tous les livres consacrés à l'Égypte ancienne en général et Saqqara et

Imhotep en particulier. Je multiplie les prises de notes sur celui qui passe pour être le fondateur de la médecine égyptienne. Non seulement Imhotep a été le champion de l'observation anatomique, de l'examen, du diagnostic et du traitement médical, mais il a réformé en douceur la religion égyptienne et introduit le mythe osirien. Architecte prodigieux (on lui doit l'édification du complexe funéraire de Saqqara, près du Caire), vizir du pharaon Djéser (IIIe dynastie), grand prêtre d'Héliopolis, il se voit divinisé à la Basse Époque, il reçoit le titre de dieu memphite et relègue Ptah à la seconde place.

Il est l'adversaire le plus farouche du dieu Seth.

La nuit, dans mon lit, je m'oblige à récapituler ce que j'ai appris sur mon aïeul et à ranger ces « découvertes » dans une armoire en or, avec des tiroirs ornés de diamants sur lesquels je colle des étiquettes avant de m'endormir. Outils mnémotechniques qui en valent d'autres. Léon Patin est alchimiste, mais aussi voyant. Il lui arrive de percevoir des « présences » autour de lui. Il suit la *voie du verre*, il fabrique des miroirs qu'il qualifie d'*égyptiens*, ouvrant sur les mondes inconnus et les mondes oubliés. Il connaît Fulcanelli. Imhotep se manifeste à lui par le truchement d'une « entité » membre de son entourage. Canseliet, disciple et nègre de Fulcanelli, met en avant le titre de « chevalier d'Héliopolis » que lui aurait conféré son maître. La filiation, pour moi, est évidente. Dans les années vingt, Canseliet, disciple de Fulcanelli, annonce, sans nécessairement mesurer la portée de son propos, que son maître est « l'agent » d'un centre hermétique basé à Héliopolis, dans le delta du Nil. Une vingtaine d'années plus tôt, Héliopolis a incité — par le truchement d'entités et l'utilisation de miroirs alchimiques — des serviteurs de la voie du verre à œuvrer à la transformation du monde.

Aujourd'hui, après m'être délesté de mon armoire en or, je n'ai pas grand mérite à saisir toute la portée de ce que j'appellerai les « séances au miroir » relatives à l'Égypte. Léon Patin et Alphonsine Thomassin, son égérie, recevaient des « impulsions » en provenance d'Héliopolis. Ils découvraient, analysaient, interprétaient, à l'aide d'images plus ou moins brouillées et de symboles à forte charge émotionnelle, ce qui se passait à partir du territoire égyptien et n'était que la poursuite d'événements semi-publics, à savoir l'ouverture de tombeaux.

Derrière le pillage quasi systématique des antiquités égyptiennes se dissimulait le « plan d'attaque » du dieu-égrégore Seth et de sa complice Sekhmit à travers tout le XIXe siècle. Et l'attaque redoublait d'intensité en ce début de XXe siècle . Roger Schneider partageait cette analyse, fort des résultats obtenus par ses propres miroirs.

Des momies continuaient d'être exhumées aux quatre coins de la Haute et Basse-Égypte pour être expédiées sur les cinq continents. Londres était la plaque tournante de ce trafic. Mais Paris occupait une place de choix dans la géographie des receleurs. Et Marseille. Et Lyon. Et Anvers. Pour des raisons complexes où le tellurisme et l'histoire des nations étaient loin d'être absents. Grande leçon à retenir de ces « séances au miroir » qui ne risquaient pas de figurer dans les manuels d'histoire de la IIIe République : nombre de momies ainsi exhumées servaient d'attaches totémiques, d'abcès de fixation à des groupes de magiciens noirs pour des opérations contre-initiatiques d'envergure. Seth, le dieu-égrégore à tête d'âne, à la fois entité cosmique et *kâ* terrestre, archange déchu et double égrégoriel, vampirisait l'Europe avec la déesse du sang, à grand renfort d'ondes maléfiques décuplées par les rituels de ses sectateurs... Avant de vampiriser le monde.

Un demi-siècle plus tard, on allait voir des savants recrutés par les services spéciaux US et soviétiques s'intéresser aux pouvoirs de la pensée et leurs conséquences éventuelles sur le cours des événements mondiaux. Seth et ses suppôts avaient sur eux cinquante ans d'avance.

Alphonsine Thomassin méritait assurément d'être considérée comme la Dame Pernelle de Léon Patin. Les « révélations » qu'elle obtenait au cours des rituels de Keish ne devaient pas être dénuées de pertinence puisque Fulcanelli se les faisait communiquer par mon aïeul. Sans doute les recoupait-il avec d'autres résultats en provenance d'autres sources. Ma grand-mère paternelle, de son côté, n'accordait pas grand crédit aux « voyances » d'Alphonsine qui cherchait surtout, disait-elle, à « éblouir le Vieux ».

Certaines de ces voyances semblaient être d'ordre géopolitique. J'étais un gamin quand Alphonsine Thomassin me parlait des tours luisantes de sang. Des flaques de sang lapées par les ânes au pied de ces tours. Des signes compliqués tracés dans le sable égyptien, reproduits par mon aïeul dans ses carnets. Alphonsine prenait un air mystérieux pour souligner l'importance que revêtaient ces indications aux yeux du docteur Caffeau et de Léon Patin, préoccupés par le destin des nations. J'avoue que j'étais enclin, en sirotant ma limonade et en grignotant mes gaufrettes, à partager l'analyse de ma grand-mère : fadaises pour « éblouir le Vieux ». Aujourd'hui, je ne puis m'empêcher de me demander si tout ce sang répandu et bu par des ânes (représentations du dieu Seth) ne correspondait pas à des situations « à venir », à des cycles d'horreur (régis par les signes reproduits dans les carnets de mon aïeul) appelés à rythmer l'enfoncement de l'humanité dans le Kali Yuga, l'Âge Noir. Quand Alphonsine Thomassin interrogeait les miroirs, le Soudan du Sud passait pour abriter les magiciens noirs les plus redoutables d'Égypte. Le Soudan du Sud appartenait à l'Égypte et était administré par la Grande-Bretagne. Aujourd'hui, il est indépendant, ravagé par d'incessantes guerres civiles. Les scènes de cannibalisme forcé et de vampirisme n'y sont pas rares. Un rapport d'une commission d'enquête adressé au Conseil de paix et de sécurité de l'Union Africaine publié en octobre 2015 fait état de combattants soudanais des deux camps « *ponctionnant le sang de personnes qui ont tout juste été tuées et forçant ceux d'une autre communauté ethnique à boire le sang.* »

Le petit cercle des Patin, Thomassin, Schneider et consorts recueillait par la voie du verre des données comparables à celles dont disposent aujourd'hui, de manière scientifique, de nombreux think tanks férus de géostratégie pour « éclairer » la conduite de nos gouvernants (traduisons précipiter, au nom de la Realpolitik, le monde moderne vers l'abîme). Patin et ses camarades utilisaient ces données, de façon plus artisanale, pour tenter de sauver ce qui pouvait l'être.

Chapitre 12

En 1905, l'alchimiste Roger Schneider est l'ami et le compagnon de luttes de deux anarcho-syndicalistes qui comptent dans les milieux « rouges », à savoir Charles Delzant et Pierre Monatte. Tous trois participent à des réunions parisiennes au siège de la CGT et sont en contact avec des représentants des milieux révolutionnaires russes de passage dans la capitale.

Schneider connaît Lénine et partage sa passion pour le cinéma naissant. Il est l'homme qui organise à la Maison du peuple d'Aniche le 23 novembre 1905 la première séance cinématographique de la cité du verre et du charbon. L'image animée s'apprête à bouleverser le monde, Schneider l'a compris, comme Lénine, aussi l'inclut-il dans la voie très particulière de la lutte des classes.

De son côté, François Jollivet Castelot, le complice de Schneider et Patin, n'est pas resté inactif. Il appartient au premier cercle des disciples et amis de Papus, figure emblématique des milieux occultistes parisiens. Surnommé le Balzac de l'occultisme, Papus, médecin généraliste, se nomme pour l'état civil Gérard Encausse. Il est né en 1865, trois ans avant Léon Patin. C'est un enfant de la Butte Montmartre. Ami de Stanislas de Guaita et de Joséphin Péladan, Papus a créé avec eux l'Ordre Kabbalistique de la Rose-Croix. Familier du Chat Noir, il s'intéresse à l'alchimie. Mais aussi à la théosophie et au martinisme. Il publie des ouvrages sur l'occultisme qui font autorité.

Papus est surtout l'ami, le disciple et le confident d'un certain Maître Philippe de Lyon, guérisseur, sévissant dans un petit hôtel particulier de la rue Tête-d'Or, à Lyon. Maître Philippe conduit des séances de magnétisme occulte qui drainent vers lui une clientèle considérable. Il faut dire que ses guérisons sont spectaculaires. Elles lui valent une réputation qui dépasse largement les frontières de l'Hexagone. En Russie, son influence auprès de la Tsarine va être considérable à défaut d'être déterminante.

Attardons-nous un instant sur la Tsarine, l'impératrice de toutes les Russies. Cette petite-fille de la reine Victoria, devenue Alexandra Feodorovna en novembre 1894, par son mariage avec le Tsar Nicolas II, est la fille de la princesse Alix d'Angleterre et du duc Louis IV de Hesse.

Elle traîne une lourde réputation. Les sujets de son père la surnomment *Penchovel en Davoul*, l'oiseau de malheur !

Quand elle pose le pied sur le sol russe, le vieux Tsar Alexandre III rend son âme à Dieu. Elle arrive à Saint-Pétersbourg au moment où toutes les cloches sonnent le glas. Ses sujets font sa connaissance alors qu'elle marche derrière un cercueil.

Ambiance...

Le soir du sacre, à Moscou, alors que le peuple fait la fête, s'ensuit une bousculade. Des femmes, des enfants meurent par centaines. On déplore des milliers de blessés... *Penchovel en Davoul*, là encore.

La Tsarine a le mauvais œil, chuchote le bon peuple. Elle sent peser sur elle un effroyable destin, écrit l'ambassadeur Maurice Paléologue.

En bonne habituée des tables tournantes de la cour de Hesse, Alexandra Feodorovna perçoit la menace qui plane sur elle.

Elle fait donc appel à un contre-envoûteur.

Fin 1901, apparaît à la cour impériale de Tsarkoïe Selo un homme vêtu de noir, portant de grosses moustaches, à la démarche lourde. Nizier Anthelme Philippe, alias Maître Philippe, alias le mage de Lyon. Le couple impérial a fait sa connaissance lors d'un voyage en France. C'est le grand-duc Pierre, ami du mage Papus, qui leur a présenté ce contre-envoûteur. Magnétiseur, voyant, initié au Martinisme, grand thaumaturge, Maître Philippe va fasciner le couple impérial familiarisé avec les sciences occultes. Il va devenir un conseiller secret très écouté. Cette année-là comme l'année suivante, le Tsar va le consulter sur tous les dossiers délicats relevant de la politique intérieure comme de la politique extérieure de l'empire. La Tsarine ne jurera plus que par lui lorsque le Lyonnais lui prédira, lors d'un voyage en Crimée (en 1902), qu'elle s'apprête à concevoir un fils. Pourtant, elle ne le défendra pas lorsqu'une coterie menée par l'archevêque Théophane, son confesseur, obtiendra que le Lyonnais soit chassé de la cour... Elle laissera Maître Philippe boucler ses malles et rentrer en France.

Elle se tournera vers un autre mage, Raspoutine.

En France, fin 1904, Roger Schneider s'efforce, comme d'autres alchimistes à Londres, à Séville et au Caire, de fabriquer des miroirs et des « attaches » destinés à entraver l'action des Âmes noires, des vampires. Mais encore faut-il s'entendre sur le mot vampires...

Fans de Bela Lugosi et de Christopher Lee, à vos marques !

Chapitre 13

Pour Schneider, non seulement les vampires existent en 1904, mais ils ont littéralement gangrené l'Europe. Certes, ils ne sont pas ce que la littérature fantastique prétend — des morts-vivants quittant leur tombe la nuit pour errer parmi les vivants et se repaître du sang de leurs proies croisées par hasard, de préférence au moment de la pleine lune —, mais ils n'en sont pas moins redoutables. Et le fait que le monde moderne ait rejeté leur existence renforce leur dangerosité. René Guénon, chantre de la Tradition, situera au Soudan l'un des foyers démoniaques et vampiriques majeurs de la planète (lettre à Vasile Lovinescu, Le Caire, 19 mai 1936).

Au sortir de la lecture de *Dracula*, le roman de Bram Stoker, je décide, du haut de mes quinze ans, d'appeler « vampires vrais » les créatures que traque Schneider fin 1904. S'ils sévissent d'une manière moins folklorique que chez Stoker ou Sheridan Le Fanu, leurs activités n'en sont pas moins infiniment préjudiciables au devenir de l'humanité. Rien dans leur comportement — ou si peu — ne trahit leur condition vampirique aux yeux de leur entourage. Ce sont des hommes et des femmes tout ce qu'il y a de plus « normaux ». Ils occupent des postes importants dans leurs pays respectifs ou s'apprêtent à en occuper. Ils ont été choisis en raison de leurs quartiers de noblesse, de leurs bagages universitaires, de leurs fréquentations occultistes, de leurs prédispositions karmiques, magnétiques, médiumniques, rituéliques. Ils ont été alertés par le canal onirique. Puis des « entités » se sont manifestées à eux pour compléter leur formation. Le moment venu, en toute connaissance de cause, ils se sont laissés « incorporer » par une Âme noire...

Un double maléfique, m'explique ma grand-mère. Le *kâ* d'un serviteur de la déesse Sekhmet, l'un de ces grands magiciens noirs ayant reproduit en terre d'Égypte les agissements maudits qui avaient entraîné la disparition de l'Atlantide... Gare aux « pressentis » ! Ils ont accepté un marché de dupes. Cohabiter dans leur enveloppe corporelle avec le *kâ*, l'âme infernale d'un magicien noir leur ayant promis l'immortalité, va les amener, pour solde de tout compte, à errer, après la mort, dans les abysses du bas-Astral dont parlent les occultistes, là où le temps est dilué, là où règnent les anges noirs, les anges déchus, les Puissances maudites mentionnées par Saint Paul... Malheur à eux ! Je trouve l'explication aussi cohérente que celles de mon vieux curé sur les anges gardiens, la marche sur l'eau ou la transformation de l'eau en vin.

Le cycle maudit de vampirisation des cours d'Europe semble coïncider avec l'ouverture, près de Thèbes, du tombeau du vainqueur des Hittites, Séthi 1er, opérée par l'Italien Belzoni. C'est du moins l'opinion de Roger Schneider et je m'empresse de l'adopter pour nourrir de nouveaux cauchemars. Tombeaux qui s'ouvrent en grinçant. Tempêtes de sable. Momies qui me pourchassent durant mon sommeil. La totale, quoi.

En 1803, Belzoni inaugure, à Londres, une exposition d'objets et de maquettes de provenance égyptienne à l'Egyptian Hall de Piccally. La reine Victoria est montée sur le trône l'année précédente. Son règne va être gangrené par les vampires vrais qui ne vont pas tarder à pulluler à sa cour. Schneider, dans les années 1928-1930, parlera à ma grand-mère de l'existence d'une véritable « cité noire » au cœur du Londres souterrain...

À la suite de Belzoni, ce sont Lepsus, Mariette, Carter, Varille qui ouvrent des nécropoles contenant des dizaines et des dizaines de momies. Des hordes d'ombres, de « doubles » déferlent sur l'Europe. Leurs pouvoirs maléfiques s'avèrent d'autant plus efficaces qu'ils sont niés ou ignorés par les autorités scientifiques et gouvernementales de l'époque, m'explique la fille de Léon Patin. Quant aux momies exposées à la curiosité des élites européennes, elles constituent autant d'attaches totémiques insoupçonnées. Autant d'abcès de fixation destinés à hâter le pourrissement du monde.

CHAPITRE 14

De 1965 à 1972, ambiance familiale oblige, je vais me pencher sur les conséquences politiques de l'offensive européenne des *marouts*, et, surtout, de leurs prédateurs, les âmes-vampires aspirant à s'incarner en « fusionnant » avec ces âmes mortes. Je vais examiner à la « loupe Schneider » les grands événements du XIXe siècle et du premier quart du XXe siècle sans pour autant négliger l'approche cyclologique de l'aventure humaine puisée chez Georgel.

Les Rythmes dans l'Histoire de Gaston Georgel (Belfort, 1937) est un ouvrage dont ma grand-mère m'a conseillé la lecture après l'avoir abondamment annoté. Il va me servir de fil d'Ariane. Je n'ai pas grand mérite à isoler deux pièces majeures du plan de subversion et de déstabilisation mis en place par les Forces noires au XIXe siècle dans l'indifférence générale. Deux pièces presque trop belles quand on entre dans la logique du « marout ».

1/Irène de Hesse-Darmstadt, sœur d'Alexandra, belle-sœur du Kaiser Guillaume II. Elle a tout de la parfaite âme morte. Dès son mariage avec le prince Henry de Prusse, les catastrophes vont se succéder pour la Prusse et s'achever par l'abdication du Kaiser. Irène donne naissance à deux enfants hémophiles... Malédiction classique du sang due à la cohabitation dans une même enveloppe corporelle avec l'âme d'un magicien ou d'une magicienne de Sekhmet.

2/Élisabeth de Wittelsbach, épouse de François-Joseph empereur d'Autriche, la fameuse Sissi. Le « marout » dans toute sa splendeur, si j'ose dire. À peine est-elle montée sur le trône que la tragédie commence. Qu'on en juge par quelques dates. 1859, l'Autriche perd la Lombardie ; 1866, elle perd la Vénitie. Juin 1867, Maximilien, empereur du Mexique et frère cadet de François-Joseph, est fusillé à Queretaro. Sa femme, Charlotte de Belgique, devient folle... Juin 1880, Mayerling. Rodolphe, fils d'Élisabeth et de François-Joseph, héritier de la couronne, se suicide après avoir entraîné dans la mort la petite baronne Vetsera.

Sissi, vêtue de noir, erre à travers l'Europe. Elle est précédée ou suivie par la malédiction. Le 13 juin 1886, quand elle pose le pied à Possenhoff, de l'autre côté du lac, son cousin adoré, Louis II de Bavière, se noie après avoir étranglé son médecin. 10 septembre 1888, assassinat de Sissi à Genève. Assassinat qu'elle a toujours prévu. Voire souhaité. Depuis des années, son principal sujet de conversation est la mort...

Juillet 1899, disparition dans la tempête de l'archiduc Jean Salvador. 1900, mort de Charles-Louis, frère de l'empereur, après avoir bu, par piété, de l'eau du Jourdain. 1908, crise de l'annexion de la Bosnie-Herzégovine. 1912, Guerre des Balkans. Multiplication des actes de terrorisme de la « Main Noire ». 28 juin 1914, Sarajevo, assassinat de l'héritier et neveu de l'empereur, François Ferdinand. La Première Guerre mondiale éclate. 21 novembre 1916, mort de l'empereur François-Joseph. Un mois jour pour jour après l'assassinat du président du Conseil, le comte Karl von Stürghk, est abattu en plein jour dans un restaurant.

En Russie, le « marout » Alexandra a mis elle aussi au monde un fils hémophile, l'héritier du trône, en 1904. À distance, le mage Philippe de Lyon a tenté de « conjurer » la malédiction qui frappe l'enfant, mais à l'impossible nul n'est tenu. Il n'a pas pu éviter la mort de sa propre fille, Victoire, cinq semaines plus tôt. Les vampires vrais ne font pas de cadeau.

Papus en fera bientôt les frais.

La Russie vampirisée est en voie de désagrégation. Les révolutionnaires s'activent. Ils « travaillent » en sourdine ouvriers et paysans. Ils ont enclenché ce qu'on appelle en alchimie noire la phase de fermentation, de pourriture du compost.

En janvier 1905, l'irréparable va se produire pour le régime tsariste corrompu et dépassé. Le dimanche 22 janvier, un vent glacé traverse Saint-Pétersbourg. Douze mille ouvriers conduits par le prêtre socialiste Gapone marchent vers le Palais d'Hiver. Manifestation pacifique. Les croix, les icônes dominent la foule qui scande des slogans hostiles aux exploiteurs capitalistes et aux escrocs qui affament le peuple. La foule réclame la protection du Tsar. Elle s'apprête à recevoir pour réponse les tirs des cosaques, des fantassins, des hussards qui lui refusent l'accès du palais déserté par la famille impériale. Les femmes, les enfants tombent par dizaines, hachés par la mitraille. On relèvera plus de cent morts, et des centaines de blessés et de mutilés.

L'année de la terreur a commencé. Trois semaines après le « dimanche rouge », le grand-duc Serge, oncle du Tsar, est pulvérisé par une bombe en plein Moscou. S'ensuit, en juin, la mutinerie du *Potemkine*. Les marins jettent par-dessus bord leurs officiers, hissent le drapeau rouge et bombardent les villes de la côte. L'automne voit la grève générale s'étendre. La Russie est paralysée. Le pain manque. Les cargos restent à quai. Les trains ne circulent plus. Les écoles et les hôpitaux sont fermés. Le Tsar se tourne vers le mage Papus pour tenter de trouver une issue.

Papus a débarqué en octobre. Le jour de son arrivée, la grève des chemins de fer a éclaté et une émeute a répandu la terreur à Moscou. Papus est un mage, il décide de convoquer la « magie » pour répondre aux questions du Tsar. Il tente et réussit à Tsarkoïe Selo un rituel évocatoire. Il convoque, en quelque sorte, le fantôme du défunt Tsar Alexandre III. Sont présents lors de ce rituel évocatoire le couple impérial et un jeune aide de camp du Tsar Nicolas, le capitaine Mandrika. Le fantôme du défunt Alexandre III apparaît au centre du cercle magique. Nicolas II pose au fantôme de son père la question qui justifie le rituel. Doit-il ou non réagir contre le courant de libéralisme qui devient menaçant ?

Réponse du spectre : « *Tu dois coûte que coûte écraser la révolution qui commence. Mais elle renaîtra un jour et sera d'autant plus violente que la répression d'aujourd'hui aura dû être plus rigoureuse. N'importe ! Courage, mon fils ! Ne cesse pas de lutter !* »

Analyse de Schneider, que ma grand-mère partage : Papus s'est prêté à une opération dangereuse à Tsarkoïe Selo. Il a joué avec le feu. En tentant le rituel évocatoire, il a ouvert une brèche dans *l'inframonde*, le bas-Astral encore appelé Enfer. Et c'est une « émanation » vampirique ayant pris l'aspect du spectre d'Alexandre III qui a ordonné au Tsar Nicolas II d'écraser coûte que coûte la révolution... C'est-à-dire de faire couler délibérément et massivement le sang sur le sol russe. Papus, ne serait-ce qu'involontairement, s'est fait en octobre 1905 le complice du dieu Seth et de la déesse Sekhmit. Il s'est conduit en « agent » des vampires vrais.

Évidemment, ce genre de propos ne saurait être tenu à la tribune d'un congrès de la CGT.

CHAPITRE 15

L'analyse de Schneider, mon aïeul et ma grand-mère l'ont adoptée, imités par François Jollivet Castelot. Je n'ai aucune raison de ne pas faire comme eux.

Les historiens de l'occultisme datent des années 1905-1906 la rupture entre Papus et Jollivet Castelot. Cette rupture selon moi doit être cherchée du côté du rituel évocatoire de Tsarkoïe Selo. L'anarchiste et pacifiste président de la Société alchimique de France ne pouvait cautionner l'implication majeure de Papus dans l'opération « magique » ayant laissé un spectre décider du sort de la Russie de la manière la plus réactionnaire qui soit.

On notera aussi que Schneider, camarade de Jollivet Castelot, connaît Lénine depuis 1895. Il sait le rôle grandissant que Lénine occupe au sein du mouvement révolutionnaire russe. Lénine, pour lui, est au mieux un « marout ». Une âme morte qui entend jouer un rôle décisif dans les années de sang appelées à succéder aux années de sang...

De 1908 à 1912, Lénine va séjourner à Paris. Schneider ne manquera pas de l'y rencontrer.

Le mage Robert Ambelain écrira plus de soixante ans après les faits, dans un ouvrage intitulé *Le vampirisme*, sous-titré « de la légende au réel », ces lignes passées à peu près inaperçues : « Lénine lui-même se plongea pendant plusieurs années, à Paris, sur le mystère de la médiumnité et des communications spirites. » (Robert Laffont, 1977.)

Or à Paris, de 1908 à 1912, règne un pape de l'occultisme nommé Papus. Rien ne se fait, rien ne se dit, rien ne se décide en matière d'occultisme dans la capitale sans que Papus n'en soit tenu aussitôt informé...

M. le Dʳ ENCAUSSE (Papus)
Médecin de l'Hôpital Saint-Jacques.

004 — Papus

Papus en tout cas ne peut être rangé comme Schneider, Patin et Jollivet Castelot dans le camp progressiste. Il professe des idées conservatrices. Sait-il trompé à l'endroit de Lénine ? A-t-il vu en lui sinon un « idiot utile » du tsarisme, du moins un révolutionnaire fréquentable, voire manipulable ? Lénine doit beaucoup à Papus. Le rituel évocatoire de Tsarkoïe Selo n'a pas, c'est le moins qu'on puisse dire, contrarié ses desseins ni son ascension au sein de l'appareil révolutionnaire russe... Pour Schneider, les prédispositions « maroutéennes » de Lénine ont été fortifiées par ses années spirites parisiennes. Elles l'ont amené, étape par étape, à s'approcher de la perfection à rebours. À être prêt à accueillir une âme noire sortie à cet effet des Enfers. À incarner la volonté de Seth en territoire russe.

Autre élément du dossier Papus pris en compte par Schneider. Au cours de la fameuse séance évocatoire de Sarkoïe Selo, en octobre 1905, le mage parisien a lié son destin à celui de la Russie. Il a clôturé le rituel par une conjuration. Tant que lui, Papus, resterait en vie, la Russie ne risquerait rien. Le couple impérial continuerait à régner. Aujourd'hui encore, les Martinistes s'enorgueillissent de l'abnégation dont aurait fait montre leur maître à penser. Sauf que... ces mêmes Martinistes aiment rappeler que Papus était un voyant, qu'il avait pronostiqué depuis des décennies l'année de sa mort ! Autrement dit, par conjuration, Papus avait lui-même fixé la date du commencement de la fin de l'Empire Russe. 1916, l'année de sa mort. Et en octobre 1917, la messe (noire) était dite.

Chapitre 16

En décembre 1920, le Parti communiste français prend vie à l'issue du congrès de Tours. Roger Schneider est à Tours. Il participe au congrès fondateur. Il devient officiellement communiste. En 1921, il pousse le syndicat des verriers d'Aniche à adhérer à la toute nouvelle CGTU, d'obédience communiste.

François Jollivet Castelot aussi adhère au Parti communiste. Léon Patin, non, il reste viscéralement anarchiste.

Schneider et Jollivet Castelot seront exclus du PC en 1924, juste après la mort de Lénine, pour opportunisme. Qu'ont-ils été faire dans cette galère ? Pour ma grand-mère, leur adhésion à la section française de l'Internationale communiste était liée à la personne de Lénine... Ils avaient approché physiquement Lénine, ils lui avaient serré la main, ils lui avaient donné l'accolade, ils avaient discuté dialectique avec lui. Fort de cette « imprégnation » physique, psychique et intellectuelle qui relevait de la psychométrie, c'était plus facile pour eux de le « travailler » à distance, c'est-à-dire d'entraver son action vampirique par des rituels appropriés. Jusqu'à sa maladie, en mars 1923. Puis sa mort, le 21 janvier 1924.

Schneider, depuis la fin de la Première Guerre mondiale, s'était spécialisé dans la chasse aux vampires vrais, aux Âmes noires. Il les traquait en France et en Belgique. Le rapport avec son engagement alchimique ? Le verre... Un verre spécial, connu des hauts magiciens atlantes comme de l'entourage d'Imothep, d'après Alphonsine Thomassin. Coulé sous forme de miroirs, il servait à la divination. Coulé sous forme d'attaches, il servait à « fixer » les assauts de magie blanche menés contre ces mêmes foyers involutifs par des cercles initiatiques de « cherchants », mais aussi des cercles de « Connaissants », de Rose-Croix, installés dans l'Hexagone, dont l'alchimiste verrier était l'obligé.

Aussi peu académique que cela puisse paraître, les attaches en verre alchimique rendaient aux cercles que je viens d'évoquer un service comparable à celui de notre moderne fibre optique, elles permettaient de décupler le débit et la puissance des forces mises en œuvre par les Caffeau, Patin, Thomassin, Schneider, Jollivet Castelot lors de leurs séances de « maintenance » des lieux sacrés (ponctuellement souillés par les rituels des magiciens noirs) et de « neutralisation » des lieux maudits. Alphonsine Thomassin m'avait confié qu'elle se rendait souvent avec mon aïeul au pied du dolmen de Hamel, dans la vallée de la Sensée, au début des années 1930. Tous deux y puisaient des forces considérables. Ils s'y ressourçaient avant d'aller « purifier » d'autres lieux.

En 1972, je lus avec intérêt *Ces maisons qui tuent* de Roger de Lafforest, ouvrage publié, au cours du second trimestre, chez Robert Laffont, dans la collection Les énigmes de l'univers. L'auteur s'en prenait aux hippies et aux gauchistes, il doutait de la sincérité de leur engagement révolutionnaire. Il leur conseillait pour réussir à faire table rase du passé, rendre possible une révolution fondamentale, de commencer par l'urbanisme, par l'architecture. Les révolutionnaires « virils et sérieux, écrivait-il, ceux qui veulent épargner à l'humanité les massacres, la terreur et la servitude qui se produisent toujours quand on change par la force les institutions avant d'avoir changé la mentalité des individus, ces révolutionnaires-là, soucieux d'abord d'efficacité, feront bien de commencer par apprendre à construire les maisons nouvelles qui inclineront puis contraindront les hommes à rénover la société. »

C'était exactement ce qu'avaient cherché à faire Roger Schneider et ses camarades révolutionnaires en bâtissant la Maison du peuple d'Aniche, en la dotant d'une façade philosophale. Fidèle en cela aux recommandations de Fulcanelli anticipant le message véhiculé par ses *Demeures philosophales*. Bâtir la maison nouvelle. L'athanor de la transformation de l'homme par l'homme. S'y ressourcer. Puis en sortir pour aller à la rencontre de l'univers... S'attaquer aux lieux maudits. Les purifier. Par des rituels appropriés. En se servant d'*attaches* alchimiques.

Je comprenais mieux l'action de mon aïeul Léon Patin, de son égérie et de ses camarades anarchistes en lisant des phrases comme celles-ci : « Mon intention ne sera jamais de convaincre qui que ce soit qu'il existe réellement des lieux maudits portant malheur à leurs occupants. Une démonstration en règle, appuyée sur des constatations irréfutables, serait incapable de changer en conviction le doute d'un sceptique. (...) Il est vain d'essayer de convertir en prouvant ; jamais un raisonnement n'a amené personne à changer d'opinion. » (Lafforest, opuscule cité, pages 43-44.)

Pourquoi certains lieux sont-ils maudits ?

Parce qu'ils ont été très anciennement « consacrés » par des magiciens noirs. Et Roger de Lafforest d'avancer cette hypothèse venant conforter les propos tenus par ma grand-mère et Alphonsine Thomassin : « A mon avis, ces barrières, dressées il y a si longtemps par des ondes de pensée, persisteront, demeureront efficaces et dangereuses tant qu'un initié ne les aura pas abattues, dispersées, volatilisées, *en accomplissant les formalités rituelles convenables.* »

Voilà donc ce que faisaient mon aïeul Léon Patin, Roger Schneider et François Jollivet Castelot. Se rendre sur des lieux liés à Seth et Sekhmit et les « délier », c'est-à-dire rompre le charme qui en faisait des sanctuaires du Mal, en accomplissant les formalités rituelles convenables, après avoir pris soin d'enfouir une *attache* alchimique. Sachant que les lieux incriminés abritent surtout des dolmens. Mais ils peuvent aussi abriter des pyramides, des tumuli, des temples, des chapelles, des églises, des calvaires...

Et Roger de Lafforest de rappeler : « Les techniques de consécration d'un lieu par les ondes de pensée ont été employées constamment, depuis la plus haute Antiquité, par des prêtres ou par des initiés. C'est la raison pour laquelle il subsiste encore aujourd'hui, un peu partout, tant de "sanctuaires" invisibles, ignorés de ceux qui les violent sans s'en douter et qui en subissent le châtiment en toute injustice. » (*Ces maisons qui tuent*, page 120.)

Jollivet Castelot secondait Schneider depuis 1922 dans sa chasse aux vampires vrais et sa tâche de « purificateur » de lieux maudits, mais il souhaitait décrocher pour pouvoir se consacrer davantage à ses travaux littéraires. Début 1926, Schneider se mit en tête de recruter ma grand-mère. Celle-ci fit traîner sa réponse. Œuvrer au fourneau la tentait... C'était une façon magistrale « d'emmerder » Alphonsine Thomassin. Mais ma grand-mère ne voulait pas servir d'égérie à Schneider. Du moins pas à la manière d'Alphonsine. D'où ses tergiversations. Puis l'annonce de son refus.

Le vieux libraire qui avait initié mon aïeul à l'alchimie était mort (du moins pour les services d'état-civil belges) pendant la Première Guerre mondiale. Restait Fulcanelli pour tenter de convaincre la fille de Léon Patin de prendre le relais de Jollivet Castelot. D'où la rencontre à Montmartre arrangée par mon aïeul. Sauf qu'en acceptant de monter au créneau pour influencer la jeune femme, Fulcanelli se découvrait... Il prenait un risque certes limité, mais un risque tout de même : celui de détricoter la belle tapisserie qu'il s'apprêtait à offrir à la postérité, sa tapisserie de Bayeux. Celle d'un vieil alchimiste solitaire œuvrant au fourneau sous l'œil d'un unique disciple appelé à veiller sur son œuvre littéraire et sa légende.

005 — Louise Patin (archives de l'auteur)

Le Fulcanelli qui accepte en 1928 ou 1929 de rencontrer Louise Patin, fille de Léon, à Montmartre, soucieux de la convaincre de se faire « semeuse » d'attaches et de pratiquer la magie blanche pour contrecarrer l'action des Âmes noires, n'est pas qu'un alchimiste pour image d'Épinal, travaillant en solitaire dans son laboratoire à l'obtention de la pierre philosophale, la médecine universelle, il est l'un des maillons de la longue chaîne de ceux qui « soignent » (dans l'ombre) le monde malade, notamment à l'aide d'une technique héritée des Atlantes et du divin Imothep, le monde entré dans le coma du Kali Yuga. Il use d'une thérapie inconnue des institutions scientifiques et politiques du XXe siècle, perdue de vue par les religions établies, dans le cadre de la *voie du verre* et de l'alchimie sociétale. Il mène un combat « janusien ».

En 1926, Fulcanelli publiait son *Mystère des cathédrales* chez Schemit. Les notes qui allaient servir à la rédaction par Canseliet de ses *Demeures philosophales* faisaient partie du même lot. L'ouvrage était appelé à sortir en librairie en 1930. Or, en 1930-32, Fulcanelli avait certainement réalisé la pierre philosophale. C'est-à-dire qu'il s'était affranchi de la mort... Aujourd'hui, les spécialistes de l'alchimie s'accordent à dire que Fulcanelli est devenu immortel entre 1922 et 1930. Ils se basent sur les écrits et les déclarations pourtant contradictoires de Canseliet (habile à brouiller les pistes) pour en déduire cela. Mais, au final, ils n'en savent rien. Ce sont des supputations. Ce qui est indubitable, c'est que Fulcanelli, dès 1926, allait prendre dans l'histoire de l'alchimie une place à part. Une place inégalée aujourd'hui encore et qui risque de continuer à l'être pendant un sacré bail. Fulcanelli se statufiait selon un « plan com » — pour utiliser le langage de nos « décideurs » contemporains — s'apparentant à un modèle du genre.

Pourquoi ?

Mon hypothèse est la suivante : le « Feu du Soleil », le « Fils de Vulcain » est appelé à jouer un rôle essentiel dans la Fin de la Gloire du Monde qui ne saurait être réduite à sa version littéraire avortée. Celle-ci masque dès le départ une version plus pratique, celle « des mains dans le cambouis » : la phase II de l'action eschatologique de Fulcanelli et de ceux qui sont derrière lui. Une phase combative qui ne saurait se cantonner à l'Hexagone. Fulcanelli ne l'ignore pas en 1926 quand son premier livre paraît, à la fin de la phase I. Et il ne perd pas cela de vue quand il prend le risque de rencontrer ma grand-mère pour tenter de la convaincre d'accepter la proposition de Roger Schneider. Pour Fulcanelli la fin de la phase II conditionne et justifie les moyens de la phase I.

Chapitre 17

Patin et Schneider représentent une voie alchimique — celle du verre, chère au fameux comte de Saint-Germain — que l'on aurait tendance à considérer comme secondaire dans le petit monde des « spécialistes » autoproclamés de l'alchimie. Il faut se garder de leur emboîter le pas. Fulcanelli a annoncé la couleur en écrivant noir sur blanc : l'alchimie est *l'art de faire le verre*.

On a bien lu. *Faire le verre...*

Nos spécialistes, eux, s'accommodent du cliché voulant que l'alchimie soit d'abord et avant tout l'art de faire de l'or. Ils font fausse route. La transmutation du plomb en or est l'une des possibilités annexes de la détention de la pierre. Tout comme la transformation du cristal en diamant. Mais cette possibilité reste anecdotique.

« Faire le verre », à la fin du XIXe siècle (le siècle de naissance de Fulcanelli) et la première moitié du XXe siècle (le siècle de l'Illumination de Fulcanelli), c'est s'immerger dans le monde, à commencer par celui du travail. Et Dieu sait si le monde du travail verrier est un monde dur, aliénant, inégalitaire, soumis à l'autoritarisme et la soif de profits des patrons verriers aussi avides et tyranniques que ceux du charbon décrits par Zola.

La grève, l'action syndicale qui effraye le bourgeois, le ralliement à une politique « partageuse » sont les armes dont use, avec ses camarades de la CGT, Roger Schneider, pour tenter de peser sur le destin économique et politique de la nation française. Tout en luttant contre les Âmes noires et en œuvrant comme Eugène Canseliet et Léon Patin au laboratoire...

L'art de faire le verre se réduit trop souvent pour le lecteur béotien qui se pique d'alchimie à l'art du vitrail susceptible d'être observé à Chartres, à Amiens ou à Paris. Eugène Canseliet, disciple et nègre de Fulcanelli, ne s'attarde pas sur la voie du verre dans ses propres livres comme lors de ses interventions médiatiques. Un silence assourdissant qui pourrait obéir à l'aube des années trente à une consigne de Fulcanelli : *Ne pas évoquer la voie du verre ou, quand on se trouve acculé, en dire le moins possible...* Canseliet sait tenir sa langue, il n'a jamais révélé l'identité réelle de Fulcanelli, nous y reviendrons. Il est donc capable de respecter les consignes de son Maître et de faire preuve en toute circonstance de loyauté envers lui.

Pourquoi ostraciser la voie du verre — qui est la voie totale de l'art d'Hermès puisque l'alchimie est l'art de faire le verre (Fulcanelli dixit) — sinon parce qu'elle masque un engagement opératif sur lequel il vaut mieux ne pas trop s'étendre au nom du syndrome de la boite de Pandore ?

Revenons au milieu des années 20 pour être en capacité de bien argumenter. L'affaire Fulcanelli démarre en 1926 chez l'éditeur Jean Schemit, installé au 52, rue Laffitte à Paris. Un homme discret, amateur d'art, qui a appris le métier de l'édition chez Honoré Champion. Deux hommes se sont démenés pour que le manuscrit du *Mystère des cathédrales* trouve preneur. Le « nègre » de Fulcanelli, en l'occurrence Eugène Canseliet, et l'illustrateur chargé par Fulcanelli (soucieux de ne pas révéler son identité réelle afin de ne pas devenir un objet de curiosité pour ses contemporains et de pouvoir poursuivre son œuvre de « guérisseur de l'ombre ») de réaliser le frontispice et les planches illustrées, en l'occurrence Jean Julien Champagne, se faisant appeler et signant ses œuvres Julien Champagne. Le contrat est signé le 6 avril 1926.

Champagne sera par la suite considéré comme un possible Fulcanelli. L'occultiste et mage Robert Ambelain se ralliera à cette thèse. Quoi qu'il en soit, Champagne passe pour s'adonner à l'alchimie depuis l'âge de seize ou dix-sept ans, c'est-à-dire 1893 ou 1894, soit l'époque où mon aïeul Léon Patin fait la même chose à Bruxelles. Champagne sort diplômé des Beaux-Arts de Paris en 1901. Son père est cocher et homme de confiance de Charles de Lesseps. C'est donc par l'entremise de la famille de Lesseps que Champagne va faire la connaissance de Fulcanelli.

Champagne se lie aussi d'amitié avec Alexandre Thomas, libraire passionné d'alchimie et d'ésotérisme, qui s'est associé à Pierre Dujols pour reprendre en 1909 la Librairie du

Merveilleux, propriété de Lucien Mauchel, alias Chamuel, plaque tournante de l'occultisme de la Belle Époque. Pierre Dujols, comme Thomas, se mêle d'alchimie. Il possède un fichier qui sera plus tard récupéré par Canseliet. Il fréquente Fulcanelli...

Il se murmure que Dujols est aussi à la manœuvre pour convaincre Canseliet (qui a fait la connaissance de Fulcanelli à Marseille, en 1915, et, dans la foulée, celle de son assistant) de donner un coup de main à Champagne pour la rédaction de ce qui va devenir *Le Mystère des cathédrales*. Initialement contacté par Dujols, Raymond Roussel, l'auteur de *Locus Solus* (1914), aurait décliné l'offre...

Mais Dujols, c'est aussi et surtout Magophon (pseudonyme signifiant « La voix du Mage »), l'érudit commentateur du *Mutus Liber, le Livre Muet*. Cette indication, selon moi, a été insuffisamment prise en compte par les exégètes. Si Julien Champagne, assistant de Fulcanelli, coursier en livres rares, chargé par le vieux Maître de traquer les ouvrages qui lui manquent, est choisi comme illustrateur par « La voix du Mage » pour le compte de Fulcanelli, c'est que le jeu en vaut la chandelle. Et je me demande si le message « illustré » du *Mystère des cathédrales* n'a pas été au moins aussi important que son message écrit... D'autant, nous le verrons, que les planches dessinées de Champagne vont disparaître des rééditions dans les années soixante et être remplacées par de simples clichés photographiques infiniment moins « parlants », infiniment moins « charitables ».

Toujours est-il que Pierre Dujols, proche de Fulcanelli, meurt en 1926, l'année de la parution du *Mystère des cathédrales*. Dujols s'apprête à entrer dans la postérité dans le sillage du Maître. Il va devenir lui aussi « fulcanellisable ».

Julien Champagne n'en continue pas moins de tenir la corde. Il fréquente l'hôtel particulier des Lesseps, indispose les muqueuses d'Anatole France par son tabagisme effréné, se moque de l'ancien président du Conseil et ministre Viviani en faisant prononcer des discours par son chien. Et il continue de s'attirer l'indulgence amusée du vieux Maître. Jusqu'en 1930. Là, le torchon brûle entre Fulcanelli et Champagne.

Que s'est-il passé pour en arriver là ?

Magie noire, nous dit Eugène Canseliet.

Démons incarnés, faut-il sans doute traduire, vampires vrais, créatures de la nuit n'ayant rien de littéraire. Âmes noires « squattant » des enveloppes humaines. Je sais, ça n'est pas très tendance. Et pourtant ! Qu'y a-t-il de commun entre Hitler, Staline, Gandhi, saint François d'Assises ou Mandela à part le statut de bipède ? L'enveloppe humaine n'a aucune valeur, seule compte l'âme qui l'anime.

CHAPITRE 18

Robert Ambelain, pour qui Fulcanelli n'est autre que Jean Julien Champagne, soutient qu'en 1922 Champagne était étroitement lié avec Canseliet, certes, mais aussi avec le très sulfureux Jules Boucher.

Boucher aurait servi d'aide de laboratoire à Champagne.

1922 n'est pas une année anodine. Elle verra Fulcanelli réaliser une transmutation alchimique à l'usine à gaz de Sarcelles avec la participation de Jean Julien Champagne, Eugène Canseliet, le disciple préféré du Maître, et Gaston Sauvage, chimiste chez Poulenc, ami de Jules Boucher. Cinquante-sept ans plus tard, lors d'un entretien radiophonique avec Jacques Pradel sur France Inter, Canseliet reviendra sur cette transmutation effectuée par ses soins à la demande de Fullcanelli : « Il y avait un fragment plus gros et deux autres plus petits. Avec des fragments de pierre philosophale qui étaient évidemment peu importants eu égard à ce que j'ai transmuté.

« Si bien même que je n'avais pas pris assez de plomb (c'était simplement du plomb à gaz) et que l'or était trop rouge et cassant, il a fallu remettre du plomb pour l'amener à la texture, enfin à la constitution normale de l'or. »

Jacques Sadoul, en préparant son *Grand Art de l'Alchimie* (Albin Michel, 1973), redonnera à Canseliet l'occasion de s'attarder sur l'opération de Sarcelles devenue une séquence emblématique de l'alchimie du XXe siècle : « Fulcanelli tenait absolument à ce que ce soit moi qui fasse l'opération, en grande partie sur ses indications. J'étais l'instrument.

« Dans le creuset, je fis fondre 120 grammes de plomb grâce à du charbon de bois écrasé au mortier. D'un flacon, il fit tomber trois éclats de rubis, l'un de la grosseur d'une tête d'épingle, l'autre d'une demi-tête, le dernier minuscule. Je les ai enrobés de cire blanche.

« D'une cuiller, j'ai fait tomber la boule dans le bain à 600 °C. Presque instantanément, j'ai recueilli un or très beau. Vous savez que le rubis est la pierre transmutatoire, ou pierre philosophale orientée vers l'or. »

Là encore, les exégètes sont passés, selon moi, à côté de l'essentiel. Ils ne se sont pas interrogés sur l'origine des trois éclats de rubis utilisés. Pourtant, en 1922, Fulcanelli était à huit ans de trouver la pierre philosophale ou médecine universelle. Comment s'était-il trouvé en situation de se procurer les trois éclats de rubis confiés à Canseliet pour réaliser l'opération transmutatoire de Sarcelles ? Et — surtout — auprès de qui ?

D'un immortel.

D'un Adepte ayant réalisé la pierre et par conséquent échappé à la condition de mortel... Déduction logique. Soit on admet l'existence d'un « canon alchimique » soit on la refuse. Si on admet l'existence d'un tel canon, force est de reconnaître la réalité de l'immortalité pour quiconque obtient la pierre philosophale. Ce qui sous-entend la présence, parmi nous, d'Adeptes ayant un mode d'existence nécessairement différent du nôtre et peut-être de lieux « hybrides » pour les abriter, régis par des lois échappant à la compréhension du commun des mortels. Nous aurons l'occasion de compléter ce « canon » dans les chapitres à venir, tout en faisant observer qu'il fut considéré comme digne d'intérêt par des éditeurs comme Schemit, Gallimard ou Pauvert au siècle dernier. De même la réalité de la fameuse transmutation de Sarcelles fut-elle admise par la plupart des journalistes français ayant rencontré Canseliet, à commencer par Jacques Chancel. Et qui dit transmutation de Sarcelles dit trois éclats de rubis remis à Fulcanelli par un immortel.

Un immortel, un Adepte qui assurait la « formation » de Fulcanelli. Qui connaissait tout des fréquentations et des agissements de Fulcanelli. Donc, par ricochet, des activités de Léon Patin, Roger Schneider et Jollivet Castelot... C'est-à-dire la fabrication de miroirs et d'attaches alchimiques servant à lutter contre les âmes mortes et les vampires vrais occupés à saigner l'Europe.

Jules Boucher (1902-1955), fondateur de l'Ordre Martiniste Rectifié, était à ranger du côté des âmes mortes, nous allons le voir. Comme son ami Gaston Sauvage. Alors pourquoi Fulcanelli avait-il donné à un agent des âmes mortes, en l'occurrence Gaston Sauvage, l'occasion d'assister à une transmutation ?

Je me suis souvent entretenu avec ma grand-mère paternelle de l'étonnante séquence de Sarcelles. Je partage son analyse. Pour la fille de Léon Patin, Fulcanelli annonce la couleur en chargeant Canseliet de réussir la transmutation. Canseliet est le petit protégé de Fulcanelli, tel est le message envoyé aux milieux occultistes parisiens. D'où, à partir de là, l'opération séduction menée par les Forces noires envers Canseliet. Mais ce dernier ne va pas céder un pouce de terrain. Il va s'acquitter parfaitement de sa mission : infiltrer, en faisant mine de céder au charme de l'adversaire, l'entourage du docteur Alexandre Rouhier, pharmacologue de formation, employé aux Laboratoires Poulenc.

Chapitre 19

Proche de Gaston Sauvage et de Jules Boucher, le docteur Rouhier (1875-1968) fait autorité dans les milieux occultistes depuis sa conférence, en 1926, à l'Institut Métapsychique International, sur l'usage des plantes divinatoires, mais surtout la parution de son ouvrage *Le peyotl, la plante qui fait les yeux émerveillés* aux éditions Douin, en 1927.

Rouhier est un grand voyageur. Il a participé à une expédition en Amérique centrale et il se murmure qu'il y a été initié aux voyages chamaniques par des sorciers redoutés. Il excellerait dans la science des envoûtements et contre-envoûtements. En 1929, un an avant la parution des *Demeures philosophales* et sept ans après la transmutation à l'usine à gaz de Sarcelles, il prend la direction de la librairie et des éditions Véga que finance alors Madame Dina, protectrice de l'ésotériste René Guénon. Rouhier fréquente d'autres voyageurs qui se rendent volontiers en Chine, au Tibet et aux Indes. La librairie Véga initialement installée rue Madame est transférée sous sa houlette au cœur de Saint-Germain des Prés où elle ne tarde pas à devenir, selon Gino Sandri, « un carrefour de l'avant-garde de l'occulte ainsi que des Arts et des Lettres » (*Le Grand Lunaire*, Arqua éditions, 2013).

La librairie Véga a été fondée par Mary Wallace Shillito, veuve du richissime Assan Farid Dina (1871-1928) qui fréquentait les milieux occultistes parisiens avant la Première Guerre mondiale et avait fait construire le château des Avenières à Cruseilles, en Haute-Savoie. De nos jours, le visiteur avisé peut se recueillir devant une série de mosaïques ornant la chapelle de ce château et figurant les XXII lames majeures du Tarot... Mary Wallace Shillito (1876-1938), veuve Dina, fréquente les salons parisiens les plus en vue, notamment celui de Nathalie Clifford Barney, femme de lettres américaine, mécène, amie d'Anatole France. C'est pour René Guénon qu'elle crée les éditions Véga. Et c'est Rouhier qui va les faire prospérer.

Rouhier est un dénicheur d'oiseaux rares. Il va enrichir le catalogue Véga et rendre bénéficiaire sa trésorerie en multipliant les livres à succès. Il va prendre sous son aile l'auteur de *A l'ombre des monastères tibétains et Vers Bénarès*, le sieur Jean-Marquès Rivière, oiseau méritant qu'on s'attarde sur son plumage. Jean-Marquès est un beau prénom de plume, pour dire Jean-Marie. À l'âge de treize ans, Rivière est attiré par le bouddhisme comme d'autres par le scoutisme, il apprend le sanskrit et le tibétain avec une facilité déconcertante. Il plaisante sur son faciès moins parisien que mongol. Il donne son adhésion à la Société Théosophique. En 1925, il entre en contact avec les membres d'une délégation tibétaine en mission diplomatique à Paris.

Quand le docteur Rouhier le prend sous son aile, Marquès-Rivière a des problèmes d'ordre psychique. Il pratique des rituels tantriques ayant des répercussions sur sa santé mentale. Gino Sandri, qui a bien connu Canseliet, s'en fait l'écho en ces termes : « Selon ses dires, la pratique de rituels tantriques destinés à l'évocation de "déités courroucées" lui aurait causé des obsessions permanentes qui lui donnaient l'impression d'être habité par des entités bien encombrantes. » (*Le Grand Lunaire*, page 63.)

Arrêtons-nous un instant.

Marquès-Rivière a touché à des rituels lui donnant l'impression, dans les années 1925-1938, d'être habité, vampirisé par des entités au service de déités courroucées. Il s'en ouvre au docteur Rouhier, lequel a suffisamment approché les chamans d'Amérique centrale pour savoir que ces derniers rencontrent les mêmes inconvénients au retour de leurs voyages astraux. Sur les conseils de Rouhier ou de son propre chef, Jean-Marquès Rivière se tourne vers le Père Joseph de Tonquédec, exorciste du diocèse de Paris, afin d'être débarrassé de ses démons. L'intervention de l'exorciste va s'avérer efficace, du moins temporairement. Reconnaissant, Rivière célèbre sa délivrance en prenant la plume pour dire combien la Révélation chrétienne est supérieure aux autres formes de spiritualité, notamment orientales.

Chapitre 20

La séquence des « entités » squatteuses de Jean-Marquès Rivière est intéressante à plus d'un titre.

Elle est à rapprocher de la voie du *marout*, l'âme morte qui aspire à être vampirisée. Pour l'alchimiste Roger Schneider, le *marout* doit produire toute une série d'efforts avant de pouvoir lancer l'appel volontaire à *l'âme-vampire*, plus prosaïquement l'âme démoniaque, l'âme maudite qui aspire à sortir de l'Enfer ou des Enfers pour fusionner avec elle, c'est-à-dire vassaliser cette âme morte le temps de l'accomplissement d'un dessein terrestre.

L'appel volontaire se fait par voie rituélique.

Dans le cas de Jean-Marquès Rivière, les rituels viennent du Tibet. Leur dangerosité est telle qu'elle entraîne dans l'enveloppe charnelle de l'opérateur la descente d'entités au service de « déités courroucées ». Sans doute est-il judicieux de se tourner vers un ou une spécialiste de la spiritualité tibétaine pour avoir quelque chance de résoudre le problème posé par Marquès-Rivière.

Alexandra David-Neel me paraît être la femme de la situation.

Née en 1868 comme mon aïeul Léon Patin, amoureuse comme lui de Bruxelles. Libertaire, amie du vieil Elisée Reclus, ancien communard, théoricien de l'anarchisme, Alexandra David-Neel a fréquenté les milieux occultistes bruxellois et parisiens avant de devenir la première femme occidentale à avoir pu pénétrer à Lhassa. Cette grande voyageuse est devenue la spécialiste incontestée du Tibet de l'entre-deux-guerres. Dès 1929, avec son *Mystiques et magiciens du Tibet* paru chez Plon, elle fait savoir aux lecteurs français que le Tibet « est le pays des démons ». Ceux-ci poursuivent les hommes et les animaux pour leur ravir leur « souffle vital » et s'en repaître. Alexandra David-Neel ne manque pas de souligner : « Les Tibétains croient au "double" comme y croyaient les anciens Égyptiens. (...) La destruction du cadavre entraîne généralement, mais pas nécessairement, celle du "double", dans certains cas il peut lui survivre. »

Au Tibet, cette infatigable voyageuse devenue bouddhiste a eu l'occasion de se rendre sur la rive gauche du Yésrou tsangpo (Brahmapoutre). Elle y a découvert un Sahara en miniature. Des dunes blanches qui se meuvent vers une chaîne de montagnes en se jouant des habitations et des champs. Le sable à perte de vue. D'un blanc éblouissant. Griffant le bleu du ciel.

Aux portes du désert, changement de nature. Samyé. Un monastère lugubre. Érigé au VIIIe siècle. « Œuvre d'un magicien, confie Alexandra David-Neel, Samyé est resté imprégné de l'esprit de son fondateur. L'endroit flaire la sorcellerie en ses moindres recoins... »

Le monastère de Samyé passe pour abriter l'*Ougs Khang*, la Maison du souffle vital. D'aucuns affirment que les « souffles » de tous les mourants du monde entier convergent vers l'*Ougs Khang* pour y être détenus. Des magiciens-convoyeurs accompagnent ces souffles pour qu'ils arrivent intacts. Et Alexandre David-Neel de conclure : « Pourquoi les *ougs* sont convoyés à Samyé est expliqué par le fait que des démons femelles dénommées *Singdongmos* (faces de lion) ont élu résidence à Samyé où elles occupent un appartement dans le temple habité par le lama-oracle et le dieu autochtone Pékar. »

Des démons femelles faces de lion...

En Égypte, ces démons femelles ne composent-elles pas la garde rapprochée de Sekhmet ou Sekhmit, la déesse du sang ?

Égypte, Tibet, même combat donc.

Les terres du « double » poursuivent la même stratégie. Vampiriser l'ensemble de la planète. Avec à leur disposition des « centrales » d'énergie maudite, des athanors vampiriques, parmi lesquels le monastère de Samyé, citadelle avancée de l'aliénation psychique des vivants considérés par les démons comme étant la *materia prima* de l'alchimie à rebours, l'alchimie involutive au service de celui que le Père Joseph de Tonquédec, exorciste du diocèse de Paris, confesseur de Jean-Marquès Rivière, combat à grand renfort de prières et d'eau bénite à la fin des années 30... Shaytan, le « double » de Lucifer, selon Roger Schneider, le *kâ* de l'archange déchu.

Shaytan, alias Satan, alias le Diable.

Protecteur de Seth et de Sekhmit.

CHAPITRE 21

Le docteur Alexandre Rouhier est surnommé le « pape noir » dans certains salons bruxellois et lyonnais.

Avec ses amis Gaston Sauvage, qualifié lui aussi de « pape noir » par Pierre Geyraud (une confusion, volontaire ou non, qui n'a pas dû déplaire à Rouhier), Jules Boucher, Jean Julien Champagne, Robert Ambelain, le docteur Alexandre Rouhier effectue des rituels sataniques pour les uns, lucifériens pour les autres, dans le bois de Meudon, mais aussi dans un temple proche de l'église Saint-Merry. Gaston Sauvage, Jules Boucher et Jean Julien Champagne œuvrent tous trois au fourneau. Le premier était présent à l'usine à gaz de Sarcelles, en 1922, lors de la transmutation opérée par Eugène Canseliet sous la direction de Fulcanelli. Ce même Canseliet qui a infiltré l'entourage de Rouhier... Il faut donc que le docteur Rouhier revête une importance particulière pour que Fulcanelli non seulement décide de mener une opération d'infiltration de son entourage, mais prenne le risque de se voir reprocher une transmutation devant un sataniste « rive gauche ». L'alchimiste Fulcanelli, en 1922, prend un risque considérable à Sarcelles. Celui de jeter le discrédit sur ses travaux à venir... Il ambitionne de publier trois ouvrages majeurs, nous le savons.

Rouhier va devenir un éditeur à succès. Il a des contacts intéressants chez les libraires et éditeurs parisiens. Fulcanelli pense-t-il pouvoir se tourner vers lui pour l'édition de son *Mystères des cathédrales* ? Je ne le pense pas. Fulcanelli n'est pas encore un Adepte. Il n'a pas encore accédé à cette « immortalité » qui permet de se jouer du passé, du présent et de l'avenir en devenant un « maître du temps ». Mais il en en contact étroit avec un Adepte. Un maître du temps capable de lui remettre trois petits morceaux de pierre philosophale pour réaliser une transmutation.

C'est cet Adepte anonyme, à mon avis, qui l'a autorisé voire incité à opérer devant Gaston Sauvage, homme lige de Rouhier, à prendre le risque que je viens d'évoquer. Un risque nécessaire. Calculé.

L'Adepte anonyme qui se tient derrière Fulcanelli en 1922 n'ignore rien, en tant que Connaissant, des activités noires de Rouhier. Il sait que ce dernier va « monter en puissance ». Peser sur le marché parisien du livre occultiste, mais surtout coordonner des activités qui relèvent, à l'ombre de l'église Saint-Merry, de ce que René Guénon, spécialiste de la Tradition, appelle la contre-initiation. La machinerie Rouhier, nous le verrons bientôt, est appelée à devenir un véritable cas d'école. Les activités contre-initiatiques du « pape noir » seront masquées par plusieurs écrans de fumée. Un écran folklorique, tout d'abord. À grand renfort « d'allumés » tenant le haut du pavé. Ravis d'appartenir à ce que Canseliet appellera *Le Grand Lunaire*.

En 1978, Canseliet enfoncera, devant Robert Amadou, une porte ouverte que cet observateur, comme d'autres, avait eu l'occasion de franchir en son temps : « Je prendrai Rouhier et Jules Boucher (...) parce qu'ils étaient très unis dans leur amour commun de la magie cérémonielle. C'est très souvent qu'ils allaient ensemble pendant la nuit, au dolmen de Meudon, munis de leur *Occultum* portatif du GL (Grand Lunaire), selon que s'appelait un groupement fort inspiré de satanisme... » (*Le Feu du Soleil*, Pauvert.)

Au bois de Meudon, nos satanistes effectuaient leur magie cérémonielle en se servant du dolmen et des menhirs apportés là, à la fin du XIXe siècle, par des moines bretons. Toute proportion gardée, nous sommes en présence du même phénomène qu'à Samyé, le monastère tibétain décrit par Alexandra David-Neel : l'annexion d'un monument d'origine monacale pour réaliser des opérations de magie noire.

Pour Schneider, le dolmen et les menhirs du bois de Meudon servaient d'*attaches* aux rituels maléfiques destinés à sceller l'aliénation des masses humaines de l'Hexagone et d'une partie de l'Europe. Ce qui supposait d'autres attaches, d'autres sites mégalithiques ou religieux préemptés de Bruxelles à Anvers, de Londres à Prague, de Rome à Bucarest, une mutualisation des moyens, une coordination des officiants. Les « voyages » du docteur Rouhier, les déplacements de ses collaborateurs en province et à l'étranger masquaient cette mutualisation et cette coordination... À posteriori, on cerne mieux l'importance que revêtait le gardiennage des lieux sacrés pour les alchimistes rouges composant la branche « opérationnelle », si j'ose dire, du cercle hermétique mis sur pied par Fulcanelli.

CHAPITRE 22

Il nous faut accorder à Pierre Geyraud une antériorité de quatre décennies sur Amadou et son *Feu du Soleil*.

Dans l'entre-deux-guerres, Pierre Geyraud (anagramme de Raoul Guyader, un publiciste) est connu du grand public par la publication aux éditions parisiennes Emile-Paul frères, installées au 14, rue de l'Abbaye, dans le sixième arrondissement, d'une série de petits livres consacrés aux mouvements marginaux de Paris, qu'ils soient occultistes ou religieux. Jouant au journaliste d'investigation, Geyraud est surtout un habitué des salons parisiens et des milieux occultistes. Il connaît très bien Rouhier et Canseliet. Aussi, dans l'ouvrage qu'il publie en 1938, sous le titre *Les sociétés secrètes de Paris*, est-il qualifié pour s'attarder sur ce qu'il choisit d'appeler le Très Haut Lunaire.

Notre publiciste fait mine de découvrir par hasard dans le bois de Meudon, une nuit de solstice d'été, un rassemblement d'une soixantaine de personnes autour du « Chêne des Missions ». Parmi elles un alchimiste croisé quelques mois plus tôt lors d'une enquête sur la magie contemporaine. S'ensuivent alors des investigations logiques qui amènent Geyraud à confier à ses lecteurs que les animateurs du Très Haut Lunaire seraient très dangereux à la fois par leurs pouvoirs magiques et leurs protections politiques. Ils animent une société luciférienne qui n'a pas grand-chose à voir avec les groupes satanistes mêlant messes noires et rites orgiaques. C'est quelque chose de beaucoup plus sérieux, ayant son centre rue Chapon, en plein cœur du vieux Paris, non loin de la chapelle Saint-Merry célèbre pour la représentation du Baphomet, clef de son portail central. Deux temples annexes existeraient place d'Italie et rue de Crussol. Dans ce dernier, tendu de rouge, figurerait une représentation dudit Baphomet.

L'enseignement suprême du THL serait basé sur les livres de Fulcanelli (*Le Mystère des cathédrales*), de Schwaller de Lubicz (*Adam, l'Homme Rouge*), de Lotus de Païni (*La Magie et le Mystère de la Femme*) et ceux d'Aleister Crowley, mage luciférien lié aux services secrets britanniques.

Donc, je résume. Le docteur Rouhier et Canseliet laissent fuiter à la veille du déclenchement de la Seconde Guerre mondiale vers Geyraud ce qui est connu du Tout-Paris occultiste : l'existence du Grand Lunaire. Piège à braguette, pour les uns. Quelque chose de plus dangereux pour les autres, et Fulcanelli partage cette dernière analyse.

Ce qui est arrivé à René Guénon, chercheur en science initiatique, philosophe de la Tradition, témoigne de la dangerosité de Rouhier.

Les éditions Véga, créées à l'origine pour diffuser les travaux philosophiques de Guénon, ont mis un terme à leur collaboration avec cet auteur, en profitant de son séjour en Égypte, en mars 1930. Qu'était allé faire en terre du Sphinx celui qui allait bouleverser René Daumal, Antonin Artaud, André Gide et Jean Paulhan ? Des recherches sur les soufis d'Égypte, officiellement. Mais Rouhier veillait. Il se fit confier par Madame Dina la direction littéraire des éditions Véga et s'empressa d'en chasser Guénon. Le philosophe resta donc en Égypte, privé de ressources, pour poursuivre ses travaux. Mais je serais enclin à penser que Guénon comprit parfaitement l'origine, la nature et la portée du coup qui venait de lui être asséné par Rouhier, le « pape noir » pour lequel il était devenu un obstacle majeur. Si Guénon resta en terre égyptienne pour y devenir Abdel Wahid Yahia, s'établir au Caire et y fonder une famille, c'était aussi, à mon avis, parce que ceux qui guidaient son action l'avaient incité à mener sur place des activités « traditionnelles », c'est-à-dire destinées à contrer autant que faire se pouvait les menées noires des adorateurs de Seth et de Sekhmit dans la patrie du Sphinx...

Rouhier, de son côté, devenait maître des éditions Véga et servait la magie de Seth depuis le cœur du Vieux-Paris alchimique, à l'ombre du Baphomet de Saint-Merry. Chacun était à sa place sur l'échiquier. Et Guénon n'avait pas dit son dernier mot. Il ne manquait ni d'amis ni de soutiens sur la place de Paris. Ceux-ci se mirent en piste pour lui trouver un nouvel éditeur. Artaud fit savoir bruyamment autour de lui qu'il s'apprêtait à écrire un essai sur Guénon. Daumal, Drieu La Rochelle s'activèrent. Tant et si bien que Guénon finit par trouver un allié de poids en la personne de Jean Paulhan, pilier de la NRF, conseiller de Gaston Gallimard.

Paulhan n'avait pas encore fait l'expérience de la mescaline, mais il avait sans doute déjà percé la vraie nature du « pape noir ». Homme courageux — son engagement dans la Résistance en témoignait —, homme de réseaux, il n'hésita pas à jouer Guénon contre Rouhier.

Guénon entra par la grande porte chez Gallimard qui créa pour lui, en 1945, la collection Tradition.

Paru chez Chacornac en 1927, son *Roi du Monde* se vit réédité par Paulhan et présenté en ces termes dans le *Bulletin de la NRF* de décembre 1958 : « Ce livre de René Guénon est sûrement celui qui, de toute son œuvre, présente l'étude la plus étrange et, en même temps, le document le plus révélateur des vrais mystères sur lesquels repose l'ordre cosmique et traditionnel du monde entier.

« Les doctrines et les symboles de toutes les traditions attestent de façon concordante l'existence d'une "Terre Sainte" par excellence, prototype de toutes les autres "Terres Saintes", qui est aussi le séjour du centre spirituel auquel tous les autres centres sont subordonnés. Le chef de ce centre suprême est le "*Roi du Monde*". Ce séjour est situé dans un monde nécessairement invisible pour les regards des profanes, et inaccessible à leurs recherches. »

Cinglant camouflet pour le pape noir de Saint-Merry.

Chapitre 23

Pour l'alchimiste rouge Roger Schneider, le docteur Alexandre Rouhier était l'une des pièces majeures du puzzle occidental mis en place, dans les années 1920-1930, par les vampires vrais, les Âmes noires, afin de répandre la magie de Seth et Sekhmit et contrer l'action des « centres » (évoqués par le *Bulletin de la NRF* de décembre 58). Schneider, redevenu anarchiste depuis son exclusion du PC, voulait associer à son combat la fille de son ami Léon Patin, Louise, ma grand-mère paternelle, laquelle n'avait pas donné suite à sa proposition, malgré l'intervention de Fulcanelli.

À la mort de Schneider, survenue en août 1932, ma grand-mère prit quelque distance avec l'ésotérisme. Distance qui se renforça l'année suivante avec la disparition de sa mère, Alcidie Simon, épouse Patin, qu'elle adorait. Léon Patin, mon aïeul, devenu veuf, désirait épouser en secondes noces son égérie Alphonsine Thomassin. Il entendait le faire le plus vite possible. Ma grand-mère jugeait cet empressement indécent et ne l'envoya pas dire à son père. Leur brouille allait durer neuf longues années... Seul mon père, âgé de dix ans, continua de fréquenter Léon. Mon grand-père Charles, le gendre de Léon, fit de même. Ma grand-mère ne devait se réconcilier avec son père que sur le lit de mort de ce dernier.

Ma grand-mère Louise avait une sœur aînée, Léontine Patin, née en 1887. Celle-ci avait un fils, Marcel Dana. Trois ans avant la mort de Léon Patin, son grand-père maternel donc, Marcel Dana est devenu, comme Léon, mais surtout comme Roger Schneider, chasseur de vampires vrais, traqueur d'Âmes noires. Ma grand-mère Louise Patin à roulettes (c'est comme ça que l'appelait, bien avant moi, Marcel Dana) n'apprendra la chose, de la bouche même de son neveu Marcel, qu'en janvier 1944. À quelques mois du débarquement des Alliés en Normandie. Proche des milieux communistes après avoir été anarchiste, Marcel Dana était alors un farouche résistant (il avait épousé Julie Bochu, membre d'une famille communiste traquée par les nazis). Vivant à Montmartre, Marcel Dana montait souvent dans le Nord perpétrer des « attentats » visant à ralentir l'effort de guerre allemand. Alchimiste opératif, il œuvrait lui aussi au fourneau, il suivait la voie du verre comme son grand-père Léon et s'intéressait de très près aux milieux occultistes de la capitale, quitte à les infiltrer quand ça s'avérait nécessaire. Il avait trois hommes dans son viseur fin 1943, début 1944. Le docteur Rouhier, Jean-Marquès Rivière et Robert Ambelain.

006 – Marcel Dana (archives de l'auteur)

Rouhier va sortir sans tache des années d'occupation. Ce n'est pas le cas de son ami Jean-Marquès Rivière, contraint de prendre la fuite en août 1944, de trouver refuge en Espagne. Il est vrai que Marquès Rivière n'a pas fait dans la nuance. Il a participé à la chasse aux francs-maçons et le scénario infâme du film *Forces occultes* lui doit beaucoup. Aussi sera-t-il condamné à mort par contumace. Durant sa longue cavale, il restera en contact avec Rouhier. Il se murmurera que Marquès Rivière ne manque pas de quitter ponctuellement l'Espagne pour séjourner dans un monastère tibétain... S'agirait-il de Samyé ?

Robert Ambelain, lui, reste à Paris. Ancien militant de l'Action Française, il a profité des protections politiques dont parlait Geyrault à propos du Grand Lunaire pour traverser sans encombre l'occupation, puis investir l'ordre Martiniste Traditionnel de Chaboseau et la branche « égyptienne » de la maçonnerie parisienne. Cet ancien camelot du Roi s'est fait conférer au sein du rite de Memphis-Misraïm les hauts grades en un temps record. Ce qui fait grincer bien des dents. En mars 1945, pour des raisons qui n'ont rien de maçonnique, des raisons bassement profanes, Robert Ambelain va se retrouver derrière les barreaux. Pas grave, en sortant de prison il continuera de diriger la loge *Alexandrie d'Égypte* abritée à son domicile personnel, dissoute entre-temps et devenue *Alexandrie* pour faire plus court...

1945, 1946. Marcel Dana, le petit-fils de Léon Patin, l'alchimiste aux semelles de verre rouge, ne chôme pas. Il œuvre au fourneau dans son petit laboratoire de la Butte Montmartre. Il fabrique des « attaches » pour fixer et décupler la portée des rituels que lui a transmis son aïeul. Il se rend sur certains sites templiers, il séjourne à Gisors, il parcourt le pays de Caux... Il a plus que jamais le docteur Rouhier dans son viseur. Résistant, proche des communistes et des anciens FTP, Marcel Dana est rompu à la clandestinité. Il en connaît les lois et les codes. Aussi n'hésite-t-il pas à « réactiver » une queue de réseau, dans ces années troubles et tourmentées de l'immédiat après-guerre, pour coller au train du docteur Rouhier et de l'une de ses inquiétantes relations, médium férue de sciences occultes, devenue la coqueluche de certains salons d'Auteuil : Lydie Bastien.

Lydie Bastien est née à Paris en 1922, elle a fréquenté le Tout-Paris de la collaboration et trempé dans l'arrestation de Jean Moulin, icône de la Résistance.

Adepte du spiritisme et de la radiesthésie, passionnée d'égyptologie, la coqueluche d'Auteuil se déclare bouddhiste (tendance Samyé ?). Elle prétend être la réincarnation de Cléopâtre. Comment est-elle entrée en contact avec Rouhier ? Par l'entremise de Jean-Marquès Rivière, qui fréquentait lui aussi les salons de la collaboration branchés sur l'occultisme et avait gardé de lourds résidus psychiques de son intérêt pour le bouddhisme tibétain.

En 1946, Lydie Bastien entame une liaison avec l'écrivain surréaliste Ernest de Gengenbach. Ce dernier va lui ouvrir les colonnes de la revue *Paris - les Arts et les Lettres* où elle signera ses articles du pseudonyme « Flory d'Estabric ».

Gengenbach ne tardera pas à voir en elle une « luciférienne ». Dans *L'Expérience démoniaque* (Éditions de Minuit, 1949), il ira jusqu'à écrire : « Flory cachait une *âme ténébreuse de vampire*, une âme onduleuse et glaciale de reptile. »

Chapitre 24

Marcel Dana tombe malade en juin 1946... Anémie, langueur, selon les médecins.

Ma grand-mère est persuadée qu'il a été « travaillé » à l'âme et au corps par des magiciens noirs. Elle gardera cette certitude jusqu'au bout. Profondément croyante, elle tentera de corriger le tir par des prières, des rosaires, mais son neveu Marcel Dana mourra en janvier 1947 alors que Lydie Bastien est en pleine tourmente judiciaire et journalistique.

L'âme ténébreuse de vampire à la Gengenbach est plongée jusqu'au cou dans une affaire sordide qu'il nous faut analyser en détail, car elle recoupe à la fois l'histoire des vampires vrais et l'histoire de France.

Prenons notre temps.

En 1942, Lydie Bastien fréquente le Tout-Paris de la collaboration. Elle fait la rencontre de Jean-Marquès Rivière et parvient à le persuader qu'elle peut le guérir des démons tibétains qui se sont remis à le hanter. Elle le soigne par imposition des mains. Elle entre en transe et lui transmet des indications précieuses concernant certains dossiers de nature « alchimique », notamment les continuateurs d'une société secrète, dite « société des Nautes », censée avoir été fondée par Nicolas Flamel. Mais Lydie Bastien, toujours selon les confidences de Marcel Dana à ma grand-mère, travaille pour Vichy, elle est dans les petits papiers du docteur Ménétrel, l'homme de confiance du maréchal Pétain. On la soupçonne d'être une agent triple, de travailler pour Ménétrel, l'Abwehr (service de renseignements de l'état-major allemand installé à l'hôtel Lutetia à Paris) et la résistance anticommuniste du général Pierre de Bénouville.

En 1943, Lydie Bastien est devenue la maîtresse de René Hardy, le dirigeant de Résistance-fer. Ce dirigeant est proche de Frénay et de Bénouville, grands résistants de droite hostiles à Jean Moulin qu'ils rangent parmi les agents de Moscou.

René Hardy est soupçonné d'être à l'origine de l'arrestation de Jean Moulin, en juin 1943, lors de la fameuse réunion de Caluire, dans la banlieue de Lyon. (Le chef de la Gestapo de Lyon, Klaus Barbie, devenu agent américain en 1945, confirmera la responsabilité de René Hardy dans l'arrestation de Jean Moulin.) D'où l'arrestation de Hardy le 12 décembre 1944 à Paris. Lydie Bastien, pourtant maîtresse et âme damnée de René Hardy au moment de l'arrestation de Moulin, n'est, curieusement, pas inquiétée. Elle mène grand train, elle roule en décapotable, fréquente des comtesses et des académiciens dont elle guérit les migraines par imposition des mains. Elle choisit Me Maurice Garçon, ténor du Barreau, pour assurer la défense de son amant emprisonné à Fresnes, cellule 867, deuxième division, dont le procès débutera le 20 janvier 1947.

Procès biaisé, nous dira Pierre Péan dans *La diabolique de Caluire*, Fayard, 1999.

René Hardy est acquitté.

Lydie Bastien devient la coqueluche des journaux. D'autant que son ex-amant Hardy est de nouveau plongé dans une tempête judiciaire. Tout juste acquitté, le voilà accusé d'avoir été arrêté et relâché par la Gestapo peu avant le drame de Caluire et d'avoir dissimulé cette arrestation au tribunal, faussant ainsi son premier procès. L'hebdomadaire *Point de vue* du 17 avril 1947 consacre trois pages à Lydie Bastien. Il la montre nue dans sa baignoire. « On a beau être médium, prévient l'hebdomadaire, on ne saurait vivre uniquement de métaphysique et de sciences occultes. Lydie Bastien apporte à la toilette de son enveloppe charnelle (d'une perfection enviable, si l'on en juge par ce document) autant de soins qu'à son corps astral (invisible sur la photo). Notre reporter indiscret l'a surprise dans sa baignoire... »

Comme Pierre Geyraud avait surpris, avant guerre, les disciples du Très Haut Lunaire officiant dans le bois de Meudon...

Le hasard fait toujours bien les choses pour les gogos !

Chapitre 25

Le 13 octobre 1947, Lydie Bastien frappe un grand coup dans le petit monde branché de l'occultisme parisien ayant survécu à la collaboration. Elle met en scène l'irruption médiatique du prétendu Maha Chohan, pseudo-roi du monde, chef d'une prétendue Fraternité blanche universelle. Elle tente à sa manière de discréditer les travaux que René Guénon, dans sa retraite du Caire, continue de mener sur les centres spirituels de la planète coordonnés par l'authentique *Roi du Monde*.

D'après Guénon, peu après les traités de Westphalie qui terminèrent, en 1648, la Guerre de Trente Ans, les vrais Rose-Croix ont quitté l'Europe pour se retirer en Asie. Et il convient de noter la similitude de Lhassa, capitale du Lamaïsme, avec l'*Agartha*, centre initiatique suprême. De même conviendrait-il de ne pas oublier que dans l'antiquité existait une géographie sacrée, ou sacerdotale, régissant l'édification des cités et des temples. Ce qui expliquerait pourquoi l'Irlande, par exemple, était appelée « l'île des quatre Maîtres » et divisée en quatre royaumes en plus de la région centrale abritant la résidence du maître suprême. Ces quatre Maîtres pouvant s'identifier aux quatre *Mahârâjas* ou grands rois qui, suivant les traditions de l'Inde et du Tibet, président aux quatre points cardinaux, sachant que des traditions analogues existent en Amérique centrale.

Sauf que le prétendu représentant de l'Agartha et « roi du monde » auquel Lydie Bastien sert d'égérie en octobre 1947 se soucie peu des quatre *Mahârâjas* et des points cardinaux, lui qui ne se déplace qu'en Delage. Il se prétend tibétain, né en 1902 aux Indes, à Darjeeling, cité qui n'avait pas encore été arrachée au Tibet par les Anglais. Il exhibe volontiers aux journalistes rameutés par Lydie Bastien sa belle bague en or qui vient, selon lui, de Gengis Khan.

« Une certitude, tempère Pierre Péan : il avait beaucoup voyagé à travers la planète (...) et s'était fait repérer en Suisse pour avoir cherché à mettre la main sur les loges maçonniques helvétiques...

« Les enquêteurs purent aussi remarquer que, contrairement à ce que le chef suprême des "initiés" prétendait, il ne jeûnait pas, mais raffolait du poulet financière et du bon bourgogne, fumait d'excellents cigares de La Havane et passait avec Lydie Bastien de longues soirées qui n'avaient manifestement pas pour objet de préparer le salut de l'Humanité. L'homme n'avait rien à voir avec le Tibet ni le royaume de l'Agartha. (...) Les spécialistes du contre-espionnage détectèrent quelques manœuvres bizarres de l'homme pour pénétrer le monde politique parisien, avec l'aide de Lydie Bastien, sa maîtresse. À vingt-cinq ans, l'aventurière avait décidément beaucoup de cordes à son arc... » (*La diabolique de Caluire*, pages 112-113.)

Pierre Péan n'a ni vu ni deviné que derrière l'aventurière vampire se tenaient les protecteurs politiques du *Très Haut Lunaire* dont parlait en 1938 Pierre Geyraud, servant de leurre, de piège à gogos, de paravent à un cercle plus discret œuvrant à la réalisation des noirs desseins de Seth et Sekhmit en terre parisienne, lequel cercle ne sortait pas du tout amoindri de l'Occupation. Mais entre le THL ou GL et le cercle de Seth et Sekhmit se tenait surtout l'inquiétant docteur Rouhier, spécialiste du Tibet, des Indes et de l'Amérique centrale. Et dans l'ombre de Rouhier, se mouvait Robert Ambelain, sorti de prison pour tenter et réussir la prise en main de la maçonnerie égyptienne de Memphis-Misraïm.

Il n'empêche qu'à vingt-cinq ans, l'aventurière Lydie Bastien avait effectivement pas mal de cordes à son arc... Et c'était loin d'être fini. Elle s'apprêtait à prendre le chemin de Bombay pour parfaire ses connaissances en yoga. Se fiancer avec un Maharadjah. Créer en juillet 1956 la Société pour la recherche psychique. Puis un an plus tard le Conseil international pour la recherche sur la nature de l'homme, forte de l'appui du ministre indien du Travail, du vice-chancelier de l'Université de Delhi, mais surtout de Mme Rameshwari Nehru.

Chapitre 26

En 1958, l'année de la quatrième édition du *Roi du Monde*, pièce essentielle du dispositif « fin des temps », avec *Le règne de la quantité et les signes des temps*, que les soutiens de Guénon, rangés derrière Paulhan, ont eu à cœur de faire paraître chez Gallimard, dans la collection Tradition, les pions continuent d'être bougés sur l'échiquier du bien et du mal. On retrouve Lydie Bastien à New York, aux côtés de la *first lady* Eleonor Roosevelt, veuve du grand vainqueur de la Seconde Guerre mondiale. Lydie Bastien participe à l'inauguration du Centre culturel indien. Celle que l'écrivain surréaliste Ernest de Gengenbach disait cacher une âme ténébreuse de vampire s'arrange pour prendre la parole juste avant la *first lady*. Outre-Atlantique, Lydie Bastien se fait appeler « Ananda Devi ». Elle fonde en 1961, au cœur de la Grosse Pomme, *The Hindu Anand mandir*. Elle fréquente le romancier britannique Aldous Huxley qui prône l'usage de la mescaline pour stimuler la conscience de l'homme, comme le fait depuis des décennies le docteur Rouhier, mais aussi Gengenbach, l'ancien amant surréaliste d'Ananda Devi.

Parmi les relations que va nouer notre âme ténébreuse de vampire, je mentionnerai la fameuse hypnotiseuse Morey Bernstein, spécialiste de la régression sous hypnose pour découvrir les vies antérieures de ses sujets. (On lui doit un ouvrage qui n'en finit pas de faire des vagues et de séduire les gogos : *À la recherche de Bridey Murphy*.) Mais aussi Peter Hurkos, un Hollandais spécialisé dans la psychométrie, discipline servant à mesurer la capacité d'un individu à retracer le parcours d'un objet, c'est-à-dire l'identité des personnes l'ayant fabriqué, vendu, possédé, touché... Différents services de police, dans différents pays, dit-on, font ou ont fait appel à Hurkos pour solutionner certaines enquêtes criminelles particulièrement complexes ou délicates. Hurkos ne fait jamais que préempter, à sa manière, la technique utilisée, quatre décennies plus tôt, par les alchimistes rouges Roger Schneider et Léon Patin pour « traiter » Lénine...

En 1962, Lydie Bastin multiplie les allers-retours entre New York et Paris. Sous le haut patronage de l'académicien André Maurois, elle crée le Centre culturel de l'Inde à Paris. En 1965, elle s'installe définitivement dans la capitale française pour reprendre un bar-discothèque à Montparnasse, rue Jules-Chaplain, le « Jacky Western Saloon », qui deviendra « Le Boucanier » et drainera une clientèle allant des conseillers spéciaux de l'ambassade de l'Inde à des trafiquants d'armes espagnols. Elle offrira le gîte et le couvert, de longues années durant, à Louise d'Hour, artiste bohème et « *sœur de la nuit* ». Le romancier Pascal Françaix, fin connaisseur de l'œuvre du cinéaste Jean Rollin, la classera parmi les meilleurs interprètes des films de ce cinéaste, entre Cathy Castel et Brigitte Lahaie. Louise d'Hour, dira-t-il, est l'équivalent féminin d'un Emil Jannings, artiste aux talents innombrables, magnétique dans tout son être. (*Jean Rollin, cinéaste écrivain*, éditions Films ABC, 2002).

Jean Rollin fera scandale dès son premier film, sorti en salles en mai 68, *Le viol du vampire*. Louise d'Hour crèvera l'écran dans *Requiem pour un vampire* du même Rollin. Magnétique, Louise d'Hour, sans aucun doute. Comme celle qui l'hébergeait gratuitement au « Boucanier » et dont Gengenbach croqua le portrait en ces termes : « Ses yeux pers chargés de *maléfique magnétisme* exerçaient une fascination irrésistible sur celui qui les fixait. »

En 1998, dans sa maison de retraite du XVe arrondissement de Paris, interrogée sur Lydie Bastien par Pierre Péan, Louise d'Hour confiait à son visiteur qu'en pensant à sa vieille protectrice (morte le 25 février 1995), c'est la figure de Lilith qui lui venait en tête.

Lilith, la mère obscure...

Reine des succubes

Chapitre 27

Le cercle qui se dissimulait derrière *Le Grand Lunaire* pour mieux décupler le rayonnement infernal de Seth et de Lilith, son égérie, a entraîné Jean Julien Champagne dans l'abîme.

Cet événement a été insuffisamment pris en compte par les historiens de l'alchimie. Sans doute parce qu'il relève à la fois du « mythe Fulcanelli », de la magie cérémonielle et de l'alchimie sociétale. En 1978, lors de ses entretiens avec Robert Amadou qui aboutiront à la parution du *Feu du Soleil* chez Jean-Jacques Pauvert, Eugène Canseliet n'hésitera pas à reconnaître que les agissements du pauvre Champagne au sein du Grand Lunaire s'apparentaient à une « assez fâcheuse collaboration qui lui aliéna, sans espoir, la protection puissante de Fulcanelli. » De cette explication lapidaire, difficile de ne pas extraire deux éléments majeurs.

1/Champagne *a collaboré* avec les Forces noires.

2/Fulcanelli protège de manière *puissante* ceux qui servent ses desseins.

Le Grand Lunaire a attiré l'attention de la rédaction du *Petit Journal*, fleuron de la presse parisienne, dès 1925. Le rédacteur Maurice Pelletier s'intéresse au GL cette année-là et lui consacre un article. Soit l'année qui précède la publication du premier volet des travaux littéraires de Fulcanelli et de son nègre Canseliet... Or nous savons que Canseliet a été chargé d'infiltrer l'entourage du docteur Rouhier par Fulcanelli en 1922, voire bien avant. Et au moment du déclenchement de l'infiltration, la jonction entre Canseliet et Rouhier est faite par Gaston Sauvage et Jean Julien Champagne, présents à la fameuse transmutation de Sarcelles.

C'est en 1930 (l'année où Fulcanelli est censé avoir découvert la pierre philosophale) que l'Adepte se fâche avec Champagne. Ce dernier jouait un rôle à la fois trouble et complexe, il couvrait l'infiltration de Canseliet et œuvrait au fourneau avec Gaston Sauvage et Jules Boucher. Il se rendait surtout au bois de Meudon effectuer des rituels maléfiques avec le docteur Rouhier et Jules Boucher. Champagne était sur la corde raide depuis le début du processus d'infiltration. Fulcanelli faisait preuve d'indulgence à son égard, mais sans doute l'avait-il mis en garde sur les limites à ne pas franchir... Champagne a néanmoins franchi ces limites, s'attirant les foudres de Fulcanelli.

Canseliet, courant 1931, alors que Champagne, devenu grabataire des suites d'une artérite obturante ayant dégénéré en gangrène, se sait condamné et rédige son testament, Canseliet, donc, formule par écrit une requête que Gaston Devaux (beau-frère de Champagne) est chargé de faire passer au Maître : guérir celui qui se sait condamné. Refus de Fulcanelli, réponse sèche et sans appel de l'auteur des *Demeures philosophales* : « Que Champagne demande à Dieu, et si Dieu le veut, il guérira. »

Le Fulcanelli qui refuse de guérir celui qui le faisait rire dans le salon des Lesseps a réalisé la pierre philosophale. Avec l'obtention de la pierre, ou médecine universelle, nous savons, grâce au « canon alchimique », que l'Adepte entre dans l'éternel présent. Il devient *Connaissant*. Rose-Croix. Il s'affranchit des contingences humaines. Le temps et l'espace ne sont plus des obstacles pour lui. Il voit, il sait ce que ne peut voir ni connaître le commun des mortels. En devenant Connaissant, Fulcanelli a mesuré l'ampleur de la trahison de Jean Julien Champagne... Ce qu'il pressentait, objet de ses mises en garde répétées à l'intéressé, prenait brusquement corps. De manière totale, irréfutable.

Jean Julien Champagne, au bois de Meudon, quand il n'amusait pas la galerie avec des rituels plutôt placés sous le signe de l'érotisme, se laissait happer par quelque chose de beaucoup plus dangereux... Le *cœur* du cercle « discret » que le docteur Rouhier anime à l'ombre du Grand Lunaire. Gageons que le sang, le peyotl et la mescaline ne sont pas absents des rites qui permettent d'approcher Seth au sein de ce cœur et de lui faire allégeance. On peut se faire une toute petite idée des effets ressentis lors de cette approche rituélique à travers le témoignage de Stanislaw Ignacy Witkiewicz (1885-1939), dramaturge polonais, ancien officier de l'armée du Tsar Nicolas II, auteur de *Narcotiques/Les Âmes mal lavées*, qui confesse avoir ingéré des préparations obtenues du docteur Rouhier :

« Un immense sanctuaire en pierre rouge. Les colonnes ont près de deux mille mètres sur un fond de ciel gris. En bas, des grains noirs sur les degrés d'un escalier rouge — c'est toute l'humanité. »

Ou : « Belzébuth s'anima, cessant d'être un Belzébuth mort et doré. Il se mit à sourire, à cligner des yeux et même à tourner la tête. Malgré cela, je voyais bien que ce que j'avais devant moi n'était qu'un morceau d'or pur. »

Ou encore : « Je vois un grand bâtiment de brique rouge, dont le coin est tourné vers moi. De chaque brique s'élève une figure étrange, caricaturale. Ces figures deviennent monstrueuses et au bout d'un moment l'immeuble entier est submergé par une société qui rappelle les gargouilles de Notre-Dame de Paris. »

Champagne suivait en secret la *voie du verre*. Il fabriquait, comme Fulcanelli, comme Schneider et mon aïeul, des miroirs et des « attaches ». Sa « collaboration » avec les Forces noires est-elle allée jusqu'à la fourniture de miroirs et d'*attaches* au docteur Rouhier pour relayer sa magie *inversée* ?

Toujours est-il qu'en 1930, l'allégeance brutale de Jean Julien Champagne au dieu Seth lui vaut d'être rejeté par Fulcanelli. Canseliet essaye de plaider la cause de Champagne, alors alité, en proie à d'atroces souffrances. Rien n'y fait. Fulcanelli qui possède désormais la médecine universelle, l'élixir de longue vie, n'en fera pas profiter le disciple déchu. Jean Julien Champagne mourra en 1932 de la gangrène qui a gagné ses membres inférieurs.

L'alchimiste Marcel Dana, petit-fils de Léon Patin, mourra lui aussi. En janvier 1947. Probablement pour s'être montré trop curieux à l'endroit du docteur Rouhier et de la vampire Lydie Bastien... Mais il s'éteindra dans la paix et la sérénité. Fier d'avoir servi jusqu'au bout la Tradition chère à Fulcanelli. Fier d'avoir partagé jusqu'au bout le combat de son grand-père, lequel l'avait mis très tôt sur la voie périlleuse du verre.

CHAPITRE 28

Ma grand-mère paternelle va traverser une longue crise existentielle en 1947. La disparition de son neveu va la plonger non seulement dans la douleur et l'affliction, mais entraîner chez elle une profonde remise en cause de ce qui faisait, jusque-là, sa force. La foi en Dieu. Elle se met à douter... Et à culpabiliser.

N'est-elle pas, d'une certaine manière, à l'origine du drame ?

C'est elle que Schneider avait choisie pour remplacer Jollivet Castelot à la fin des années 20. Elle que Fulcanelli avait approchée pour tenter de la convaincre d'accepter l'offre de Schneider.

En 1932, Léon Patin avait poursuivi le travail de Schneider, il s'était remis à voyager. En Belgique et en France. Sous couvert de chasse aux trésors, son hobby, il cherchait surtout à « sentir » les lieux susceptibles d'accueillir des « attaches » alchimiques de nature à les purifier, voire à renforcer leur rayonnement, donc à contrarier les activités involutives des disciples de Seth et Sekhmit menées outre-Quiévrain ainsi que sur l'ensemble de l'Hexagone. La magie immémoriale a besoin d'attaches. En pierre, pour dégrossir et durer, les mégalithes en sont la preuve la plus tangible. En verre alchimique, pour affiner et cibler. Afin de se réapproprier des territoires annexés par le Mal, devenus autant de bases arrière de ses serviteurs depuis l'entrée de l'humanité dans le Kali Yuga, l'Âge Noir, autant de repaires investis par des « entités » redoutables.

La chasse aux trésors est un hobby qui remonte au début des années vingt pour Léon Patin et Alphonsine Thomassin. Des entités gardiennes de trésors les ont mis sur différentes pistes dont ils ne sont pas toujours rentrés bredouilles... De l'or aurait été fondu par leurs soins et écoulé sur la place de Bruxelles. Le docteur Caffeau et Roger Schneider furent, eux aussi, des chercheurs et inventeurs avisés.

En Belgique, au cœur de la forêt des Ardennes, j'aurai soin de placer en tête des lieux investis par mon aïeul la croupe appelée Thier-de-Sel, au pays de Durbuy, territoire de Wéris, cher au cheval Bayard et à l'enchanteur Maugis... Wéris où l'on peut contempler un ensemble mégalithique d'au moins cent cinquante tonnes, dont une table de tente tonnes épaisse de 80 centimètres appelée *Le lit du Diable*...

Sans doute mon aïeul était-il arrivé, plus de quarante ans avant Saint Hilaire, à la même conclusion que l'auteur du nouveau guide de l'*Ardenne mystérieuse* : l'ensemble mégalithique de Wéris dessine sur le terrain, avec une rigueur mathématique, la constellation de la Grande Ourse...

Écoutons Saint Hilaire : « s'il s'avérait que le mobile de nos lointains ancêtres, en projetant le Grand Chariot sur le plateau de Wéris, n'avait été autre que de concrétiser sa fonction de constellation polaire, de centre sacré du ciel aux yeux de leurs congénères, il ne suffirait plus que de déterminer laquelle des sept étoiles indiquait alors effectivement la direction du nord, pour dater en même temps et avec une exactitude déconcertante, l'érection de ce site mégalithique ! »

007 — Wéris, Jean-Pol Grandemont ©

Et Saint Hilaire d'emprunter les conclusions de la très savante Société Astronomique de France : le site mégalithique de Wéris, comme celui de Bellignies, près de Bavay, précédait de cinq siècles la construction des Pyramides d'Égypte et de trente siècles celle du cercle mégalithique de Stonehenge.

Autres lieux ardennais chers à Patin, l'alchimiste aux semelles de verre rouge, grand chasseur de trésors devant l'Éternel : Arlon, Clairefontaine, Vianden, Heringen, Marville, Virton, censés receler des dépôts trésoraires d'origine templière... Mais aussi Stenay et Bouillon.

En France, je citerai, parmi des dizaines d'autres, Etretat, Falaise, Provins, Chinon, Narbonne, Hendaye, le château d'Isenghien, le château de Mehun-sur-Yèvre, le château de Coucy, la forêt de Paimpont, la forêt d'Orient, le mont Saint-Michel, le mont Cassel, Rennes-le-Château et Gisors.

Chapitre 29

De 1947 à 1972, ma grand-mère paternelle va s'intéresser à la ville de Gisors, dans la partie orientale du département de l'Eure, à proximité immédiate du département de l'Oise. Elle va tenter de démêler les fils d'un écheveau compliqué pour mieux comprendre l'action de son père et les raisons pour lesquelles il avait transmis, dans son dos, le flambeau à Marcel Dana.

008 — Gisors (ODS)

En janvier 1944, le gardien du château de Gisors, forteresse clé de la guerre de Cent Ans, creuse une véritable taupinière sous le donjon. Ce gardien se nomme Roger Lhomoy. Avec pour tout outillage une pelle, une pioche, une barre à mines, un treuil de fortune et une baladeuse électrique, Lhomoy entreprend de déboucher un puits de trente mètres de profondeur qu'on avait autrefois comblé. Il manque de périr sous un éboulement, s'en tire avec une jambe brisée. Sitôt rétabli, il poursuit son travail de sape. Partant du puits, il creuse une galerie verticale de seize mètres, la prolonge par une sape horizontale de dix mètres, puis une autre galerie verticale de quatre mètres. Pour remonter à la surface, il lui faut gravir la hauteur d'un immeuble de six étages...

En mars 1946, Lhomoy se rend à la mairie de Gisors et fait aux édiles la description de ce qu'il a fini par trouver sous le donjon : une chapelle romane en pierre de Louveciennes. Mais surtout, le long des murs, posés sur le sol, dix-neuf sarcophages de pierre de deux mètres de long et soixante centimètres de large. Et dans la nef trente coffres de métal rangés par colonnes de dix.

Impossible de dire ce que contiennent ces coffres et sarcophages... Lhomoy n'a pu les ouvrir, il s'est acharné sur eux en vain. D'où sa démarche auprès des édiles. Il a besoin d'être écouté et aidé.

Il ne sera ni l'un ni l'autre.

Licencié de son poste de gardien illico presto, Lhomoy tente d'alerter le Général de Gaulle alors occupé à créer le Rassemblement du Peuple Français (RPF). Sa démarche n'aboutit pas. Il devient laveur de voitures à Versailles. Fait de nouvelles fouilles clandestines sous le donjon en s'introduisant, de nuit, dans l'enceinte du château. Mais cette nouvelle campagne de fouilles ne donne rien. Lhomoy devient porcher chez un journaliste tenté par l'aventure campagnarde. Gérard de Sède, homme de gauche et baron de son état. S'appuyant sur les recherches de Lhommoy, notre baron va publier chez Julliard, en 1962, un ouvrage qui va faire sensation : *Les Templiers sont parmi nous*.

La thèse de Lhomoy revisitée par Sède est la suivante : c'est le trésor des Templiers français qu'abrite le château de Gisors. Lequel trésor avait été évacué du Temple de Paris en 1307, peu de temps avant l'arrestation du grand maître Jacques de Molay, dans des chariots bâchés.

Des monceaux d'or et de pierres précieuses gisent sous le donjon.

Léger problème, le château fort de Gisors était aux mains du roi de France Philippe le Bel au moment où le roi de France s'attaquait aux Templiers. Qui irait dissimuler chez son pire ennemi un trésor ?

Si trésor il y a au château Gisors occupé par la Wehrmarcht, laquelle y a installé un atelier de réparation de chars d'assaut et un dépôt de 15.000 litres d'essence, en janvier 1944, quand Roger Lhomoy débute sa campagne de fouilles sauvages, ce ne peut être le trésor des templiers de Paris... Déduction logique.

En 1942-43, nous savons que la « vampire » Lydie Bastien, qui fréquente le Tout-Paris de la collaboration, met Jean-Marquès Rivière sur la piste d'un trésor détenu par des alchimistes parisiens se réclamant de Nicolas Flamel. Ces alchimistes, d'après les « voyances » de Lydie Bastien, auraient transféré leurs fourneaux et leurs dépôts trésoraires à Gisors durant l'entre-deux-guerres. Du moins étaient-ce les éléments que Marcel Dana, résistant, mais surtout successeur de Roger Schneider dans la traque aux vampires vrais, attaché aux basques de Lydie Bastien et du docteur Rouhier pendant la Seconde Guerre mondiale comme après la Libération, était parvenu à recueillir. Ces alchimistes, selon les confidences de Léon Patin à son petit-fils Marcel Dana, appartenaient à une « société des Nautes » se réclamant de Flamel à défaut d'avoir été fondée par lui.

En France occupée, le cabinet civil de Vichy crée le Service des sociétés secrètes (mai 1941), lequel se divise en six secteurs dont le plus important est chargé de démasquer les francs-maçons non encore identifiés ou les profanes susceptibles de rallier la franc-maçonnerie. Il y a aussi le service des associations dissoutes en liaison permanente avec le service des sociétés. Mais surtout le service des recherches, installé rue Grefulhe, à Paris, dirigé par le commandant Labat et Jean-Marquès Rivière. Ce SR semble avoir eu pour priorité, en 1942-43, de s'emparer de la personne de... Nicolas Flamel !

Chapitre 30

À la Noël 1965, ma grand-mère m'offre *La figurine de plomb* au milieu de paquets-cadeaux rutilants et de 45 tours aux pochettes chatoyantes. *La figurine de plomb* est un roman de B.R. Bruss paru en cours d'année au Fleuve noir, dans la collection Angoisse (n° 119). Je le dévore le soir même. Dans mon lit. En m'éclairant à la lampe de poche.

009 — *La figurine de plomb*

Il raconte une histoire que je trouve passionnante. Celle de quatre amateurs de sports nautiques, nés dans le quartier de la Montagne-Sainte-Geneviève à Paris, anciens élèves du lycée Henri IV. Un 27 septembre (sans doute faut-il y voir le 27 septembre 1963), le narrateur de l'histoire, Georges Lénand, prof de lettres en banlieue, se réveille dans une maison de santé des environs de Paris. Il apprend qu'il a cherché à se noyer dans la Seine à hauteur du quai de Montebello en s'entravant les chevilles. Des jeunes gens qui bavardaient sur le pont de la Tournelle, intrigués par son manège, sont intervenus à temps pour le sauver de la noyade. Les souvenirs lui reviennent en vrac. Tout démarre un lundi de juillet. Du côté du pont de la Tournelle, justement. Lui et son copain Patrick Buez remontent une noyée. Une jeune femme qui tient dans sa main serrée une figurine de plomb. Ce qu'on appelle un plomb de Seine... Les plombs de Seine sont très prisés des collectionneurs, ce sont des figurines de dix à quinze centimètres qui étaient naguère vendues aux pèlerins aux abords de la cathédrale Notre-Dame. En grattant l'objet chez lui, le soir même, notre prof de lettres découvre que sa base est en or jusqu'au tiers de sa hauteur, en fait. Le reste est en plomb, incrusté de paillettes d'or. L'objet semble dater du XIVe siècle. Le fait d'avoir touché ce plomb de Seine, d'avoir gratté sa base va entraîner un curieux phénomène pour le narrateur. Alors qu'il entre dans sa cuisine pour préparer le café que lui réclament ses copains, il se retrouve plongé dans l'obscurité. Très vite, il se rend compte qu'il n'est plus chez lui, mais dans un cachot. On le traîne vers un bûcher... Phénomène hallucinatoire ? Non. L'expérience va se renouveler. Pour lui, mais aussi pour chacun de ses camarades de plongée. Ils vont connaître des périodes de plus en plus probantes de basculement dans le temps. Ils vont revivre leur incarnation dans le Paris de Nicolas Flamel. Ils vont vivre et mourir au temps de Flamel. Reprendre conscience par intermittence dans leur enveloppe corporelle de 1963 pour y apprendre que l'alchimiste Nicolas Flamel accomplit une mission, sous le septennat du général de Gaulle, liée au devenir de l'humanité.

Tous quatre mourront. Georges Lénand le dernier, apaisé d'avoir vu Flamel et de s'être entretenu avec lui. Avec cette certitude : la mort n'est qu'une illusion...

Ma grand-mère, dans les années 1965-1970, fera de *La figurine de plomb* son livre de chevet. Elle y verra la feuille de route à peine romancée de chasseurs de trésors lancés sur la piste de Gisors.

Il faut dire qu'à l'époque grouillent les aventuriers lâchés dans les souterrains de cette vieille ville du Vexin normand. Tous n'ont qu'une obsession : découvrir la crypte ou chapelle romane dans laquelle sont censés reposer les sarcophages et coffres entraperçus par Roger Lhomoy, devenu la vedette du Vexin normand depuis son interview par Pierre Dumayet, suite à la parution du bouquin de Gérard de Sède, *Les templiers sont parmi nous*.

Ma grand-mère bénéficiait de l'aide amicale de Roland Humez, verrier, qui, enfant, avait connu Roger Schneider. Roland Humez faisait des vérifications pour le compte de ma grand-mère. J'assistais parfois à leurs discussions toujours passionnées. Bibliothécaire bénévole de la ville d'Aniche, fin lettré, lecteur boulimique, Roland Humez se rendait souvent à Paris. Il avait des amis au Fleuve noir. Ce ne fut pas difficile pour lui d'apprendre que B.R. Bruss était l'un des pseudonymes de René Bonnefoy.

Né en 1895, René Bonnefoy avait été l'un des éléments-clés du régime de Vichy. Le futur romancier B.R. Bruss avait occupé le poste particulièrement sensible de Secrétaire Général à l'Information du gouvernement de Laval et de Pétain, ce qui lui valut d'être condamné à mort par contumace à la Libération. Il fréquentait Jean-Marquès Rivière, il appréciait son œuvre littéraire. Sans doute avait-il un œil sur ce qui se passait au service des recherches de la rue Grefulhe, spécialisé dans la traque des sociétés secrètes. Sa *Figurine de plomb* semblerait montrer, à travers les « voyages dans le temps » placés sous la figure tutélaire de l'alchimiste Nicolas Flamel, qu'il n'ignorait pas la nature des préoccupations de Jean-Marquès Rivière et de Lydie Bastien à l'époque où il n'était pas encore B.R. Bruss, mais où il verrouillait l'information pour le compte du gouvernement de Vichy et de l'occupant. Sous l'Occupation, Lydie Bastien, jouait au médium, pratiquait l'hypnose. Elle magnétisait Jean-Marquès Rivière. Elle s'efforçait de le guérir de ses démons en l'aidant à régresser dans le temps, à renouer avec ses vies antérieures... Mais elle l'aidait aussi, d'après Marcel Dana, à « lire » les photographies des suspects que Marquès Rivière traquait, « logeait », arrêtait lors de ses enquêtes visant à débarrasser la France-du-Maréchal-nous-voilà de l'ennemi intérieur, dissimulé au sein d'horribles sociétés secrètes qui empêchait le Maréchal de dormir.

Lydie Bastien « profilait » à sa manière l'ennemi intérieur. À coups d'hypnose et de lectures dans le temps.

Sans nous écarter de notre sujet, revenons en 1922. À l'usine à gaz de Sarcelles, Fulcanelli charge Canseliet de transformer du plomb en or. Que devient ce morceau d'or alchimique obtenu devant Sauvage et Champagne, tous deux à la solde du docteur Rouhier ? Il est allé grossir le trésor de guerre des Frères d'Héliopolis, dira malicieusement Canseliet.

Ce trésor de guerre de nature alchimique ne pouvait manquer d'exciter la curiosité de ceux qui gravitaient autour des éditions Véga et de son directeur. D'autant qu'il se murmurait, dans l'entourage de Rouhier, qu'on ne pouvait écarter l'hypothèse selon laquelle Fulcanelli et Flamel ne formaient qu'un seul et même personnage.

Flamel, la Flamme...

Fulcanelli, le Feu...

M. René BONNEFOY
Secrétaire Général à l'Information

CHAPITRE 31

À la lecture de *La figurine de plomb*, on découvre que Nicolas Flamel sévissait à Paris dans les années 1963-64, les années *Planète*, les années Pauwels-Bergier. N'oublions pas que l'époux de Dame Pernelle est entré dans la légende pour avoir découvert cinq siècles plus tôt, à Paris, la pierre philosophale ou médecine universelle. L'alchimiste du quartier Saint-Jacques a déjà été signalé aux Indes, au XVIIe siècle, par le voyageur Paul Lucas. Quoi de moins surprenant, dans ces conditions, que son retour à Paris, haut lieu par excellence de ce territoire improbable livré aux brumes du « réalisme fantastique » par Pauwels et Bergier, dès 1960, à travers leur *Matin des magiciens*, sorte de manifeste pro-Flamel et pro-Fulcanelli, publié chez Gallimard ?

Fulcanelli a permis la transmutation de Sarcelles en 1922. Grâce, nous dit Canseliet, à trois minuscules fragments de pierre philosophale. Ces fragments, Fulcanelli les aurait-il tenus de Nicolas Flamel, devenu, depuis cinq siècles, un voyageur du temps ? Si l'on consent à se référer au « canon alchimique », les immortels continuent de veiller à la pérennité de leur Art, donc à la régularité de sa transmission par le biais de « jurandes », de cénacles, de sociétés et autres groupements hermétiques bénéficiant de l'invisibilité que leur confère l'existence de lieux « appropriés », c'est-à-dire relevant d'une certaine distorsion de l'espace-temps. Donc Flamel, dans les années 1920-1930, là où il se trouve, ne peut manquer de s'intéresser à l'actualité alchimique, aux acteurs contemporains de son Art.

En 1930, Fulcanelli obtient à son tour la pierre philosophale. Il devient, comme Flamel, un Adepte. Un voyageur du temps. Aussi n'est-il pas inintéressant de se pencher sur la « réapparition » de Fulcanelli une vingtaine d'années après l'épisode de Sarcelles. Une réapparition qui va s'effectuer en terre espagnole, chère au pèlerin Flamel et à son maître initiateur, Maître Canches. Du côté de Séville. Et la révélation de cette réapparition sera effectuée, au milieu des années soixante, par Eugène Canseliet lors d'un dîner que donnaient ses amis Josane et Louis Charpentier à... la taverne Nicolas Flamel, rue de Montmorency, à Paris. Je tiens cette information de Francis Mazière, l'éditeur de Charpentier chez Laffont. Fasciné par Fulcanelli, Mazière m'encourageait à écrire en 1982 un ouvrage sur les alchimistes de la Belle Époque. Je lui avais fait quelques confidences sur la façade alchimique du cinéma d'Aniche due à Fulcanelli et il m'avait prié d'inclure l'analyse de cette *façade philosophale* dans le manuscrit commandé pour sa collection « les énigmes de l'univers ». Manuscrit qui n'a pas vu le jour en raison de ma seule paresse.

Le clin d'œil Flamel-Fulcanelli, à mon avis, est intéressant et ne revêt pas une dimension uniquement symbolique. Il n'est pas impossible que les deux Adeptes accomplissent alors une mission commune, j'y reviendrai. Mais toujours est-il que Canseliet confie à des amis réunis à la taverne Nicolas Flamel qu'il s'est rendu en Espagne au début des années cinquante pour y rencontrer Fulcanelli. L'Espagne est alors sous le joug du dictateur Franco. Nombre d'anciens collaborateurs du régime de Vichy y ont trouvé refuge. C'est le cas, on le sait, de Jean-Marquès Rivière, toujours vivant... Doit-on en déduire que l'ancien responsable du service de recherches des sociétés secrètes de Vichy a créé, en terre espagnole, une antenne de la « maison Rouhier », une petite centrale copiée sur celle qui fonctionnait à l'ombre du Grand Lunaire, destinée à poursuivre de l'autre côté des Pyrénées la politique du dieu-égrégore Seth ?

C'est du domaine du possible.

Toujours est-il que Canseliet se rend en Espagne au printemps 1953 (une lettre d'Espagne qu'il a adressée à Paul Le Cour, fondateur d'*Atlantis*, est datée du jeudi 14 mai 1953, elle sera postée le 16). Soucieux de brouiller les pistes, Canseliet a parfois avancé les années 1951 et 1952... Il se trouvera aussi parmi ses proches des gens pour parler d'un passeport établi en 1954. Mais 1953 tient la corde. Des hommes viennent chercher Canseliet en voiture noire à son domicile de Savignies, dans l'Oise. À son épouse Canseliet dit devoir se rendre avec ses mystérieux visiteurs en Italie. Aussi fait-il en hâte sa valise.

Écoutons le témoignage de Canseliet : « Quand ils sont venus me chercher, c'était pour aller en Italie, soi-disant. Arrivés à Paris, on s'est arrêtés devant le restaurant Drouant, à la gare de l'Est. À cette époque, il fallait au moins trois jours avant d'obtenir un visa pour l'Espagne. Ils ont été chercher mon visa et l'ont rapporté aussitôt. C'est donc pour l'Espagne que nous sommes partis. C'était près de Séville. Je me promenais comme un monarque. Il y avait tout ce qu'il fallait, mais je rentrais toujours à mon appartement, et je repartais au petit matin. Dans le jardin, il y avait des pommes et des citrons ; un ruisseau d'eau vive coulait. C'était magnifique ! Alors, je ne m'attendais pas à rencontrer Fulcanelli (...) ; il a repris le tutoiement dont il usait avec moi : « Mais alors, tu me reconnais ? » (*Le Feu du Soleil*, pages 122-123.)

Chapitre 32

Je partage l'étonnement de Francis Mazière devant le
« Nouveau Fulcanelli », le Fulcanelli devenu immortel qui
convoque en Espagne, par pur caprice, son pauvre disciple, dans
le seul but de l'impressionner, après une séparation de près de
trente ans, sachant que Canseliet ne parviendra pas à réaliser la
pierre philosophale et devra se contenter des miettes médiatiques
de la gloire de son Maître. Mais je reste prudent.

J'admets que nous sommes loin du Fulcanelli de 1910-1920,
fréquentant le salon des Lesseps, recevant chez lui Anatole
France...

Impossible, en mon for intérieur, de ne pas voir dans le Fulcanelli
des années 1950 un « clandestin » disposant d'une garde rapprochée,
à savoir des hommes circulant en voiture entre l'Espagne et la France
et capables d'obtenir un visa à l'ambassade d'Espagne à Paris en un
temps record. Des hommes appliquant les lois de la clandestinité. On
va en Italie, disent-ils à Canseliet au cas où d'indiscrets quidams
chercheraient, après leur départ, à connaître le lieu de leur destination
en interrogeant son épouse. Mais c'est en Espagne qu'ils se rendent,
en témoigne leur petite visite à l'ambassade rapportée dans *Le Feu
du Soleil*... Un Fulcanelli dans la ligne « baroudeur » des Léon Patin,
Roger Schneider et Marcel Dana, plutôt que dans la ligne faiseur d'or
« pépère » des images d'Épinal ou de Léo Larguier.

Je ne puis m'empêcher de distinguer 3 Fulcanelli.

Le Fulcanelli des fondateurs de *L'Humanité*, proche d'Anatole
France et de Viviani. Ayant le cœur à gauche et une vie mondaine.

Le Fulcanelli du Chat Noir, fréquentant le milieu anarchiste
montmartrois et mettant sur pied avec Roger Schneider, Jollivet
Castelot et Léon Patin une petite centrale de renseignements (et
d'action ?) pour lutter contre les vampires vrais.

L'Adepte Fulcanelli devenu immortel, mais menant toujours un combat de l'ombre et une vie de clandestin.

La ligne Janus-Fulcanelli de 1953 doit nous alerter. Son titulaire, depuis près d'un quart de siècle maintenant, est devenu un voyageur du temps. Il se joue des rapports spatio-temporels auxquels nous sommes assujettis, en raison de notre condition mortelle. C'est un Connaissant. Un Rose-Croix. Un Adepte. Là où il se trouve, l'espace et le temps sont modifiés, *transcendés* par sa présence. S'il fait venir son ancien disciple Canseliet à Séville, ce ne saurait être par forfanterie, mais parce que le jeu en vaut la chandelle. Un jeu dans lequel il souhaite impliquer son ancien disciple.

Nous ne serons donc pas étonnés de lire sous la plume de Claude Seignolle à propos d'un autre voyage de Canseliet, en Castille cette fois : « A l'aéroport de Madrid, une vieille Hispano l'attend avec un chauffeur plus cocher qu'automédon, harnaché à l'ancienne et digne de figurer dans un coin de tableau de Goya. (...) Ils font ainsi une longue route pour arriver au crépuscule devant la grille d'un parc entouré d'un haut mur. Mais ils ne sont pas encore au but, une sinueuse route pierreuse les mène à droite et à gauche comme pour se perdre elle-même... Enfin, on s'arrête sur un terre-plein. (...) Là, une allée les mène plus loin. Ils marchent longtemps, parviennent à une grande et vieille demeure basse, mais majestueuse.

« En entrant, mon ami constate avant tout qu'on refuse l'électricité. Nulle ampoule. Ici on ne s'éclaire qu'à la chandelle. Est-ce en son honneur, pour faire vieille Espagne, ou l'habitude ? Ses hôtes sont là, fidèles à une tradition vestimentaire qui, loin de lui faire trouver grotesque cette mascarade, le réjouit. Enfin, pense-t-il, voici des gens qui savent pratiquer l'évasion à ce siècle aux modes si changeantes et parfois si osées. Là, toutes les dames sont en robe longue, velours et brocards ; les messieurs en sorte de pourpoint, bas et souliers à boucles.

« Tous s'empressent autour du Maître venu d'ailleurs et lui font fête (je me mets un instant à la place de ce délicieux homme lorsqu'il entend parler en vieux français huilé de vieux castillan) ! »

Extrait de l'*Invitation au château de l'étrange* de Claude Seignolle, paru chez Maisonneuse en Larose en 1996, le texte que je viens de citer est fondamental. Seignolle est un magicien des mots, un chantre du merveilleux, un passeur de l'étrange, il joue sciemment avec deux plans de conscience. Il sait que Canseliet est un invité, un visiteur ordinaire.

« *Maître venu d'ailleurs* ». Pour ces hôtes au-delà du temps, Canseliet ne saurait être un Maître, il est tout juste un disciple, un étudiant en science hermétique assujetti aux contingences du plan terrestre. Le Maître de Canseliet, c'est Fulcanelli. Mais ici ce ne saurait être lui. Fulcanelli a quitté le monde en 1930. Il parlait un français semblable au nôtre, non un « *vieux français* ». Pour moi, ce Maître autour duquel les occupants des lieux se pressent au moment où Canseliet entre dans la pièce et qui parle un vieux français est soit Nicolas Flamel, soit le successeur de Jacques de Molay, Maître des Templiers brûlé sur le bûcher en 1314. J'ai conscience de proférer deux énormités au regard de l'histoire médiévale et de la raison. Mais pas au regard du « canon alchimique » ni de l'histoire ésotérique. Nous sommes ici à la lisière des « Terres Saintes » dont parlait Guénon. Flamel a acquis l'immortalité, il est devenu un voyageur du temps, il traverse les siècles pour mieux veiller à la pérennité de son Art. Molay est mort sur le bûcher allumé par les sbires de Philippe le Bel le 18 mars 1314. Pour Roger Schneider, Jacques de Molay est devenu un nom initiatique ramassé avec la cendre du bûcher. Les Maîtres du Temple reconstitué lui ayant succédé ont repris ce nom par pur hommage et se montrent soucieux d'en assurer la transmission de Maître à Maître jusqu'au Millénium.

Je comprends qu'on puisse refuser l'hypothèse Schneider à l'époque qui est nôtre, prisonnière d'un matérialisme en béton, où les années *Planète* ne sont plus qu'un lointain souvenir, où les lecteurs de Guénon sont priés de raser les murs alors qu'au siècle dernier on trouvait normal que leur enthousiasme fût partagé par Paulhan ou Gide. Mais le statut de l'Adepte et l'accession à l'immortalité résument toute l'affaire Fulcanelli. Nous sommes ici dans un territoire fort improbable. Aux confins de ce « monde nécessairement invisible » qu'évoquait le *Bulletin de la NRF* de décembre 58. Monde invisible dans lequel évoluent des êtres ayant atteint, comme le soulignait avec pertinence ledit *Bulletin*, « un très haut degré de réalisation spirituelle » et dont, signe des temps, notre monde globalisé, uniquement préoccupé d'argent, de vitesse et de quantité, pour paraphraser Guénon, s'est éloigné à grands pas depuis des lustres.

Léon Patin prétendait que les Templiers, bien qu'en nombre fort restreint (144 en France, disait-il, tous Rose-Croix, rassemblés dans douze commanderies) étaient toujours parmi nous, dissimulés derrière certaines loges maçonniques, certains cénacles alchimiques ou rosicruciens. Il avait cru devoir confier à sa fille Louise (au moment où Schneider voulait la recruter) qu'il lui était arrivé de séjourner, à Paris, dans l'une des douze commanderies du Temple reconstitué que comptait l'Hexagone, chacune en lien avec un signe du zodiaque... De même aurait-il existé une commanderie templière à Bruxelles, dissimulée derrière une lourde porte-cochère. Les commanderies de Paris et de Bruxelles, si l'on adopte la ligne Seignolle et accepte l'idée d'une imbrication des plans de conscience et de leur « coagulation » en certains lieux privilégiés de notre planète (les fameuses « Terres Saintes » de Guénon), devaient, à la lueur des torches et des lampes à huile, abriter des « gardiens » en tenue moyenâgeuse parlant un vieux français du temps des croisades... Autant de données qui, on s'en doute, nous éloignent des programmes de l'École nationale des chartes et de Sciences-po mais vont nourrir mon imaginaire, renforcer mon envie d'écrire sur l'étrange et l'alchimie.

Chapitre 33

Tournons-nous de nouveau vers Claude Seignolle. Ouvrons son *Invitation au château de l'étrange* à la page 134.

Lisons : « Mon ami s'aperçoit très vite, comme il l'avait déjà remarqué dans leurs lettres, que ses hôtes, s'ils sont hésitants dans l'actualité de l'alchimie, ont, par contre, des connaissances très profondes sur l'alchimie ancienne et en parlent naturellement comme de choses qu'ils pratiqueraient encore quotidiennement. Tant et si bien que mon ami apprend avec stupeur — lui qui sait tout savoir — non seulement l'existence de livres ignorés et l'énoncé de formules oubliées, mais retrouve en ces gens la Force perdue de l'alchimie ancienne !

« Qui sont donc ces personnages vivant en 1966, mais arrêtés à la vie du XVIIIe siècle ? Il se garde bien de le leur demander. D'ailleurs n'en a-t-il pas vu d'autres dans sa vie de magicien !

« Son séjour là-bas a duré une semaine et, non seulement il a beaucoup appris, mais fait une bénéfique cure de repos : il voyait passer les avions dans le ciel sans entendre le moindre vrombissement et, sur la route voisine, les autos allaient, silencieuses, comme si le présent n'était qu'une vision de l'esprit. »

Seignolle est un ami de Canseliet. Il fait état de confidences reçues de la bouche de ce dernier. D'après ces confidences, les alchimistes rencontrés en Castille entretiennent une correspondance épistolaire avec le villageois de Savignies. Ils ont une connaissance relative, pour ne pas dire approximative, de l'actualité de l'alchimie, mais ils n'en sont pas moins intéressés par cette actualité.

Ils vivent en 1966, arrêtés à la vie du XVIIIe siècle, le siècle du fameux comte de Saint-Germain, Rose-Croix, alchimiste, laveur de diamants, figure tutélaire de la *voie du verre*.

Dont acte. Mais n'est-ce pas en 1953 qu'a eu lieu la rencontre de Fulcanelli en terre andalouse ? Seignolle fait donc état ici d'une autre rencontre... Postérieure de treize ans à celle qui sera mentionnée dans *Le Feu du Soleil*.

En 1966, Eugène Canseliet ne se rend pas en Espagne en voiture noire, il ne dispose pas d'une garde rapprochée.

Il prend l'avion tout seul comme un grand. Il voyage par les airs et un chauffeur l'attend à l'aéroport de Madrid.

Depuis sa première visite à Séville (1953), Canseliet correspond par courrier avec les occupants de la maison castillane. Les échanges épistolaires entre ces occupants et le disciple de Fulcanelli portent sur l'alchimie ancienne et moderne.

De la rencontre de 1966, il est permis de déduire que Canseliet s'est rendu au moins à deux reprises dans des demeures espagnoles qui appartiennent à notre monde, à notre plan de conscience, sans y appartenir tout à fait (un lieu « coagulé », tel que le décrit Seignolle, semble relever du coin de paradis de la mémoire populaire, échappant aux contraintes du monde extérieur réduit à une vue de l'esprit). Quant au Maître qui parle un vieux français, mentionné dans l'*Invitation au château de l'étrange*, il nous renvoie, je l'ai déjà dit, à Nicolas Flamel, mais aussi à « Jacques de Molay », enfin l'un ou l'autre successeur de celui qui fut le vingt-deuxième Maître de l'Ordre du Temple, et, conséquemment, au fameux Baphomet.

Le Baphomet a été au cœur du procès intenté à Jacques de Molay et ses frères Templiers par Philippe le Bel et ses légistes. Les Templiers ont dû faire face à quatre griefs majeurs au moment de leur arrestation. 1/Avoir pratiqué une initiation secrète accompagnée d'insultes à la croix, de reniement du Christ, de baisers infâmes. 2/Avoir omis les paroles de la consécration lors de la messe. 3/Avoir adoré une idole considérée comme image du vrai Dieu, du seul auquel il fallait croire, appelée « Baphomet ». 4/Avoir autorisé, voire recommandé la pratique du « crime contre nature », c'est-à-dire l'homosexualité.

Deux ou trois ans avant son décès, c'est-à-dire en 1929 ou 1930, Jean Julien Champagne avait choisi de porter à l'auriculaire droit une chevalière gravée du « baphomet hermétique », d'après

Robert Ambelain (dossier Fulcanelli, *Cahiers de la Tour Saint-Jacques*, IX, 1962). Un baphomet stylisé. Copié sur celui de Saint-Merry, ailé comme une chauve-souris... D'apparence « maudite ».

Canseliet, de son côté, aimait à répéter que Fulcanelli possédait un anneau d'origine templière. Comme son secrétaire, Gaston Devaux. L'anneau templier de Fulcanelli aurait, à l'origine, appartenu au Commandeur d'Hennebont, en Bretagne, avant de transiter par le Père-Abbé du monastère cistercien voisin. À signaler que l'épouse de Pierre Dujols, libraire ami de Fulcanelli et de Jean Julien Champagne, était originaire d'Hennebont et que Dujols fit graver sur sa pierre tombale la croix pattée des Templiers... Autant d'éléments qui mériteraient d'être rapprochés de l'affirmation de mon aïeul Léon Patin quant à la survivance de l'Ordre du Temple de manière clandestine et l'existence à Paris, avant la Seconde Guerre mondiale, d'une commanderie templière, installée dans un hôtel particulier du Marais, protégée par une barrière de type « Terre Sainte » relevant d'une modification de l'espace-temps.

Chapitre 34

Léon Patin et Roger Schneider se firent chasseurs de trésors par goût de l'aventure, mais aussi pour obtenir une certaine aisance financière afin d'être en capacité de continuer à voyager et à remplir leurs objectifs occultes sans avoir à se serrer la ceinture.

Ils avaient l'aval de Fulcanelli, implicitement esquissé par celui-ci dans ses *Demeures philosophales* : « beaucoup d'entre nous se souviennent du fameux Chat-Noir, qui eut tant de vogue sous la tutelle de Rodolphe Salis ; mais combien savent quel *centre* ésotérique et *politique* s'y dissimulait, quelle maçonnerie *internationale* se cachait derrière l'enseigne du cabaret artistique ? D'un côté le talent d'une jeunesse fervente, idéaliste, faite d'esthètes en quête de gloire, insouciante, aveugle, incapable de suspicion ; de l'autre, les confidences d'une science mystérieuse mêlée à *l'obscure diplomatie*, tableau à double face à dessein dans un cadre moyenâgeux. »

Patin, Schneider, familiers du Chat Noir comme Jollivet Castelot, appartenaient à « la nébuleuse » du Vulcain Solaire puisant ses racines en Égypte, du côté d'Héliopolis. Voilà pour le volet international de cette maçonnerie évoluant dans un cadre moyenâgeux en laquelle il conviendrait de voir une émanation de l'Ordre du Temple reconstitué après les bûchers de 1314. Un Ordre devenu embryonnaire, protégé par ses structures clandestines, veillant à maintenir son souvenir et la nostalgie de sa puissance disparue dans les organisations à caractère initiatique connues du grand public tels le martinisme, la franc-maçonnerie, le rosicrucianisme. La politique, Patin, Schneider, Jollivet Castelot baignaient dedans. L'obscure diplomatie, ils ne craignaient pas d'en mesurer les effets.

Léon Patin, durant ses années bruxelloises, avait transmis le
virus de la chasse au trésor à Georgette Leblanc. Et Georgette allait
transmettre ce virus à son frère Maurice, autre familier du Chat
Noir. Toute l'œuvre de Maurice Leblanc se trouverait irriguée par
la sève trésoraire. Georgette et son amant Maurice Maeterlinck
loueraient, dès 1907, l'abbaye de Saint-Wandrille pour en sonder
les murs et tenter de découvrir le trésor que les moines étaient censés avoir caché peu avant la Révolution. Quant à Maurice Leblanc,
que mon aïeul n'omettait pas d'aller saluer lors de ses passages à
Paris, il convient de s'attarder sur son roman le plus emblématique, La comtesse de Cagliostro, pour deviner de quelles sources
il pouvait disposer.

Publié chez Laffitte en 1924, deux ans avant *Le Mystère des
cathédrales* de Fulcanelli et deux ans après la transmutation de
Sarcelles, *La comtesse de Cagliostro* met en scène Raoul
d'Andrésy, alias Arsène Lupin, en 1894, à l'époque où mon aïeul
Léon Patin fréquente le Chat Noir et arpente le vieux Bruxelles
alchimique. Raoul d'Andrésy va subir les attaques de la comtesse
de Cagliostro, héritière des méthodes divinatoires de son aïeul,
Joseph Balsamo, le grand Cophte, grand utilisateur de miroirs
magiques, gardien des secrets de la maçonnerie égyptienne, qui
navigue sur la Seine à bord d'une péniche (sorte de « Naute »
moderne tout autant que maléfique). Incarnation de Lilith, comme
le sera quelques décennies plus tard Lydie Bastien. Mais Raoul
d'Andrésy saura s'arracher des griffes de Lilith et s'emparer du
trésor convoité, grâce à la figure céleste que les sept abbayes pri-
mordiales du pays de Caux, Montivilliers, Fécamp, Valmont,
Cruchet-le-Valasse, Saint-Wandrille, Jumièges, Saint-Georges,
dessinent sur le sol normand.

Sept abbayes — à mettre en parallèle avec les sept transforma-
tions de la matière menant l'alchimiste à l'obtention de la pierre
philosophale — conduisent, selon Leblanc, au trésor caché, au
Grand-Œuvre, en reproduisant « sur le sol normand la figure
gigantesque de la Grande Ourse » qui rappelle celle de Wéris, en
Belgique, où mon aïeul menait des opérations magiques.

Paris, Gisors, deux cités alchimiques, selon Gérard de Sède.
Dotées chacune d'une église dédiée à Saint-Gervais et remplie de
symboles communs. Symboles qu'il est inutile de chercher à inter-

préter en se tournant vers des prêtres ou des responsables d'office de tourisme, mais plutôt en feuilletant deux vieux albums d'alchimie : le *Liber Mutus* de Soulat des Maretz (1677) et le *Traité symbolique de la pierre philosophale* de Conrad Barchusen (1718), dans lesquels « on retrouve avec étonnement la plupart de ces emblèmes. Mieux encore, on découvre que la scène allégorique qui forme le frontispice du premier de ces albums trône au tympan du grand portail de l'église Saint-Gervais de Gisors où, chose vraiment stupéfiante, elle est sculptée sur neuf pierres cubiques.

« Des Nautes aux bâtisseurs de cathédrales, quel message des mains anonymes, gantées du velours noir du mystère, ont-elles, seize siècles durant, confié au silence des pierres ? Et jusqu'où, entre Paris et Gisors, ont-elles poussé la symétrie de signes de piste ? » (Gérard de Sède, *Les Templiers sont parmi nous*, pages 205-206.)

Autre signe de piste insuffisamment pris en considération, j'y reviens : *La figurine de plomb*, le roman de B.R. Bruss paru au Fleuve noir en 1965. Difficile a priori de le rattacher à l'agitation de Gisors provoquée par la parution de l'ouvrage de Gérard de Sède. Et pourtant ! Ce titre emblématique de la collection Angoisse repose, je me répète, sur un axiome singulier : l'existence d'une figurine mi-plomb, mi-or alchimique, « attache » sortie de l'athanor de l'Adepte Flamel (puis de la Seine) à partir de laquelle il est permis de « voyager » dans le temps, de passer d'un plan de conscience à un autre.

Lydie Bastien n'était pas très éloignée d'une telle piste, pendant la Seconde Guerre mondiale, lorsqu'elle « voyait » des alchimistes extraire de caches parisiennes, durant l'entre-deux-guerres, des figurines en or alchimique et les transporter par péniche à Gisors pour répondre aux sollicitations de Nicolas Flamel. En tout cas, Jean-Marquès Rivière accordait crédit aux « lectures », aux voyances de Lydie Bastien.

De deux choses l'une, ou Marquès Rivière découvrait le dossier des continuateurs de Flamel, livré sur un plateau par la jeune femme, ou il bénéficiait, par les « lectures incidentes » de Lydie Bastien, d'une aide supplémentaire dans la traque des alchimistes flamelliens qui faisait partie de son programme. Laquelle traque, menée pour le compte des protecteurs du Grand Lunaire, allait de pair soit avec une indiscrétion en provenance du camp Flamel, soit une « trahison ».

L'hypothèse de la trahison, à condition qu'elle puisse être imputée à Jean Julien Champagne, permettrait de mieux comprendre la rupture à la fois brutale et *définitive* intervenue entre Fulcanelli et Champagne en 1930-31. L'ancien homme de confiance de l'Adepte aurait sciemment livré aux dignitaires du cercle de Seth, abrité par *Le Grand Lunaire*, outre des « attaches » alchimiques, des indications de nature à leur permettre de localiser le trésor de Flamel, habilement rebaptisé « trésor de guerre des Frères d'Héliopolis » à l'occasion de la transmutation de Sarcelles.

Mais ce ne sont jamais que des supputations...

Par contre, nous savons que des chasseurs de trésor se sont agités du côté de Gisors, dans l'entre-deux-guerres, suscitant la curiosité de Léon Patin et Alphonsine Thomassin. D'autres se sont agités du côté de Gisors après la Seconde Guerre mondiale et la parution des Templiers sont parmi nous de Gérard de Sède, conseillé par Roger Lhomoy, sous l'œil intéressé de Louise Patin, fille de Léon. Tandis que des indicateurs à la solde du service de recherches des sociétés secrètes, codirigé par Jean-Marquès Rivière jusqu'en août 1944, s'appuyant sur les voyances et le profilage de Lydie Bastien, s'étaient également agités du côté de Gisors aux heures sombres de l'Occupation, sous l'œil exercé de Marcel Dana, neveu de Louise Patin et petit-fils de Léon.

CHAPITRE 35

Flamel, Fulcanelli.

Deux figures emblématiques de l'alchimie, mais aussi de cette obscure « diplomatie » évoquée dans *Les Demeures philosophales*.

Politique et diplomatie forgent la vie des nations. Flamel avait pour frère aîné Jean Flamel, astrologue et alchimiste comme Nicolas, mais aussi secrétaire, homme de confiance, conseiller du duc de Berry, féru de politique et de diplomatie. Le fameux voyage de Nicolas Flamel en Espagne n'eut peut-être pas que l'alchimie comme objet... Peut-être Nicolas en profita-t-il pour rendre quelque service à son frère Jean.

En 1839, dans son ouvrage intitulé *Nouveaux Mélanges biographiques et littéraires pour servir à l'histoire de la ville de Lyon*, le sieur Bréghot de Lut, soucieux de mettre ses pas dans ceux du fameux Comte de Gabalis cher à Anatole France, l'ami de Fulcanelli, choisit la piste napolitaine pour expliquer la fortune de Nicolas Flamel... Espagne, Italie. Deux nations avec lesquelles la France de Charles VI entretenait des relations diplomatiques compliquées. Pierre Borel, conseiller et médecin ordinaire du roi Louis XIV, s'est penché sur le siècle de Charles VI pour rédiger son ouvrage *Trésors de recherches et antiquités gauloises et françoises*, publié en 1655. Il rapporte une anecdote significative. Flamel bénéficiait de la protection de Monsieur de Cramoisy, maître des requêtes du roi Charles VI. Et les descendants de Cramoisy s'enorgueillirent longtemps de posséder un matras rempli de poudre de projection remis à leur ancêtre par l'Adepte.

Pour Bréghot de Lut et Gabalis, Flamel aurait découvert à Naples, à l'âge de vingt-huit ans, un inventaire général des trésors que les Juifs dissimulèrent dans des caches avant d'être chassés du

royaume de France par Philippe le Bel, l'ennemi des Templiers.
Les raisons du voyage de Naples ? Le besoin de quitter Paris après
avoir subi quelques « saignées ». Précision intéressante si l'on
consent à lire entre les lignes. Dans les années 1358-1360 (Flamel
serait né à Pontoise vers 1330), les saignées sont pratiquées par des
barbiers. Et il n'y a pas loin des barbiers à sainte Barbe, protectrice
des alchimistes... Ce serait donc après avoir été mandaté par des
alchimistes en lien avec des barbiers se mêlant de diplomatie que
Flamel aurait pris le chemin de Naples. Dans une période particulièrement « sanglante » de l'histoire de Paris, celle de la révolte des
marchands, dans le sillage d'Étienne Marcel, leur prévôt.

Rentré à Paris, Flamel n'aurait eu de cesse de collecter, non
pour lui, mais pour la confrérie hermétique qui l'avait mandaté, les
trésors que les Juifs (sans doute faut-il entendre *des alchimistes
juifs*) avaient enterrés, afin de les soustraire à la rapacité de
Philippe le Bel, dans certaines villes de France. Puis vint le
moment où la confrérie (appelée « société des Nautes » ou rebap-
tisée ainsi par Flamel après qu'il eût reçu « le Don ») donna l'ordre
de les ramener à Paris et de les enfouir dans de nouvelles caches...

Ces caches, immortalité de Flamel aidant, seraient demeurées
inviolées jusqu'au début des années 1930, années sombres s'il en
fut, semblables à celles du règne de Philippe le Bel, teintées d'an-
tisémitisme, pour peu que l'on fasse se rapprocher les destins de
Flamel et de Fulcanelli, avant qu'elles ne soient sacrifiées pour
d'autres caches, plus sûres, du côté de Gisors.

Lesquelles caches de Gisors firent l'objet des recherches
fébriles de la section du service des sociétés secrètes de Vichy dirigée par Jean-Marquès Rivière, sous l'Occupation.

Et ces recherches semblent avoir été reprises par d'autres, bien
après la Libération, puisque dans *La figurine de plomb* de B.R.
Bruss, ancien Secrétaire Général à l'Information du régime antisé-
mite de Vichy, l'alchimiste Nicolas Flamel est de retour à Paris
dans les années 1963-1964, sous le septennat du général de Gaulle.
(De Gaulle avait été mis au courant de l'existence du trésor de
Gisors en pleine création du RPF.)

Un retour qui coïncide — c'est fou comme le hasard fait bien
les choses ! — avec le retour dans la capitale française de la
« voyante » Lydie Bastien.

Chapitre 36

De 1965 à 1972, ma grand-mère Louise Patin va continuer de collecter les informations qui sont à sa portée, forte de l'appui de Roland Humez, son voisin, bibliothécaire bénévole et inconditionnel du Fleuve noir. Savoir ce qui s'est tramé à Gisors avant, pendant et après la Seconde Guerre mondiale constitue l'essentiel de ses préoccupations... Préoccupations qui ne sont plus les miennes. Je noircis des pages et des pages de notes sur l'Atlantide. Je projette d'écrire un essai sur le continent disparu (il sera achevé en 1978 et publié l'année suivante chez Alain Lefeuvre sous le titre *Quand l'Atlantide resurgira*), un cycle romanesque sur Anahor (débutant par *La planète des femmes*, publié au Fleuve noir en 1987) et l'entité « Keish » qui utilisait les miroirs alchimiques sortis de l'athanor de mon aïeul pour converser avec Alphonsine Thomassin pendant les années trente.

Que sont devenus ces miroirs alchimiques ? Ils ont été remis par mon aïeul, quelques mois avant sa mort, à un visiteur venu de Paris, d'après Alphonsine Thomassin. Son four a été démonté par des amis verriers venus chez lui à sa demande. Les pièces démantelées ont été jetées, selon ses instructions, dans la Scarpe. Mon aïeul savait sa fin prochaine et il avait pris ses dispositions.

Celles-ci, toujours d'après Alphonsine Thomassin, lui avaient été dictées par le comte de Saint-Germain... Là, j'avoue qu'il s'agissait de ma séquence préférée ! Je me resservais un verre de limonade quand Alphonsine me parlait du « Saint Frère » !

Mon aïeul Léon Patin avait été en contact avec Saint-Germain à la fin des années 1920 par le truchement de ses miroirs alchimiques, mais également par la voie médiumnique chère à Alphonsine, son égérie, la voie théurgique et la voie onirique. Lors de conversations avec sa fille Louise, appelée à devenir ma grand-mère, Léon Patin fera état d'instructions reçues de Saint-Germain, de façon orale cette fois, pour aller récupérer, au printemps 1936, une réserve de poudre de projection dissimulée dans un matras scellé de cire, enfoui dans le parc du château d'Isenghien, sur le territoire de Lomme-lez-Lille. Il soulignera la persistance à Aniche, à travers les siècles, d'une tradition alchimique du verre... Saint-Germain était venu à plusieurs reprises dans cette petite cité du cœur de l'Ostrevent au temps où il séjournait en Belgique.

Avant d'aborder le séjour outre-Quiévrain du « Saint Frère », je dirai combien la formule de Voltaire est judicieuse : *c'est un homme qui ne meurt jamais et qui sait tout*. L'Adepte par excellence, l'immortel qui bénéficie de la connaissance absolue, aux antipodes du Richard Chanfray des années soixante-dix, le gigolo de Dalida. Le comte de Saint-Germain contemporain de Voltaire fait son apparition à Londres en 1745 où il passe pour être un espion (anticipant ou enclenchant *l'obscure diplomatie* dont parlera Fulcanelli). L'année suivante, il regagne l'Allemagne, où il possède des terres. En février 1748, il est à Paris. Il entre en contact avec le jeune marquis de Marigny, beau-frère de la Pompadour, directeur des manufactures du roi. Il déclare se livrer à des travaux chimiques sur les teintures. Le marquis met à sa disposition une partie du château de Chambord. Le comte de Saint-Germain ne tarde pas à être reçu à la cour. La Pompadour se plaît en sa compagnie et le roi Louis XV converse volontiers avec lui. Saint-Germain pratique la *voie du verre*. Il fabrique des diamants de la plus belle eau et en offre quelques-uns au roi. Louis XV voit en lui un Rose-Croix et Saint-Germain se garde de le détromper.

Tous les auteurs qui se sont penchés sur la vie aventureuse du Saint - Frère ont relaté la fameuse anecdote de Maître Dumas, ex-procureur au Châtelet. L'affaire se passe en 1700. Chaque vendredi, l'ex-procureur, qui se pique d'astrologie et de sciences occultes, reçoit la visite d'un mystérieux visiteur avec lequel il s'enferme pendant une heure. Or, un mercredi, au lieu du vendredi habituel, Maître Dumas reçoit ce même visiteur et se querelle avec lui. Après son départ, Maître Dumas s'enferme dans sa chambre à double tour. Le lendemain, force est de constater que l'ex-procureur a disparu. Depuis, personne n'a eu de ses nouvelles. Le roi Louis XV qui connaît l'aventure en fait part à Saint-Germain. Ce dernier donne la solution... Sur ses indications, le roi envoie des hommes de confiance qui découvrent au domicile de Maître Dumas, un demi-siècle après les faits, un caveau auquel on accède par un escalier à vis... Et dans le caveau, le cadavre du disparu.

Version de mon aïeul Léon Patin obtenue par le canal médiumnique : Maître Dumas était un alchimiste du Diable, un disciple de la *voie noire*...

En 1760, Saint-Germain accomplit une mission diplomatique pour le compte de la France. Toujours la diplomatie chère à Fulcanelli. En 1762, il se rend en Russie. En mars 1763, on le retrouve à Bruxelles. La Belgique, à cette époque, est sous la domination de la Maison de Habsbourg. À Bruxelles, le Saint-Frère se fait appeler Monsieur de Surmont, du nom d'un de ses domaines hollandais. Il rend visite au ministre plénipotentiaire de l'impératrice-reine Marie-Thérèse, M. de Cobenzl, et lui fait don d'un gros solitaire qu'il vient de débarrasser d'une tache qui obérait sa valeur. À titre de souvenir, précise-t-il. Et, comme M. de Cobenzl affecte de ne pouvoir accepter un cadeau aussi précieux, Saint-Germain, alias Surmont, déclare posséder des diamants à n'en savoir qu'en faire ! Le ministre plénipotentiaire finit par accepter le solitaire débarrassé de sa tache.

On retrouve peu après M. de Surmont à Tournai, disposant d'une manufacture où il fabrique des teintures et des élixirs.

Or il n'y a pas loin de Tournai à Aniche... Ce qui ne rend que plus crédible à mes yeux la tradition alchimique du verre, la *voie totale* que Saint-Germain, alias M. de Surmont, soucieux, comme tous les immortels, de veiller, de siècle en siècle, à la pérennité de son Art, est venu implanter dans cette petite cité de l'Ostrevent, pour des raisons traditionnelles, dans lesquelles le tellurisme et la chaîne karmique avaient leur part, et qu'ont « réveillée », un siècle et demi plus tard, le docteur Caffeau, Léon Patin et Roger Schneider.

CHAPITRE 37

Effectuons un petit bond dans le temps.

Mars 2001.

Je me présente aux élections municipales à Aniche sur une liste de gauche. Je suis élu, je deviens adjoint à la culture, je siège à la table où a siégé Roger Schneider.

Je ne suis guère optimiste quant au sort réservé aux carnets alchimiques de mon aïeul et aux carnets qui renfermaient les messages délivrés par « Keish » et les entités venues d'Égypte, d'Atlantide et des mondes oubliés. À la mort de ma grand-mère, mes parents ont inventorié ses papiers, ils ne contenaient aucun carnet. Fin 1972, d'après son voisin et ami Roland Humez, ma grand-mère était d'humeur sombre, occupée, selon ses propres dires, à mettre de l'ordre dans ses archives. Elle brûlait des quantités de lettres et de photos de famille dans sa cuisinière à charbon. Mon père l'avait même surpris en train de brûler de l'argent.

Effectuons un nouveau bond dans le temps.

Transportons-nous en 1930, 1931. Voire en 1932. Jean Julien Champagne vient de mourir. Fulcanelli a changé de plan de conscience, mais aussi d'identité. Il a suivi la procédure que suivent les Adeptes vis-à-vis de leurs contemporains, inhumation feinte, certificat de décès de complaisance, mention « décédé » sur les registres d'état civil (procédure qu'aurait suivie, en 1918, le vieux libraire bruxellois ayant mis mon aïeul sur la *voie du verre*). Canseliet ne passe plus par Gaston Devaux pour entrer en contact avec Fulcanelli, c'est Fulcanelli qui contacte Canseliet et Devaux quand c'est nécessaire.

1932, 1933, 1934, 1935, 1936. Roger Schneider est mort. Mon aïeul Léon Patin a repris le flambeau des voyages à travers la France et la Belgique, il se rend notamment à Hendaye...

À la demande de Fulcanelli ?

Attardons-nous sur Hendaye, petite ville frontière du Pays basque, au pied des contreforts pyrénéens, pour mieux répondre. Fulcanelli y vient avant et après la Première Guerre mondiale. Il prend des notes. « *L'impression première*, écrira-t-il sans que ses notes sur Hendaye soient intégrées au premier livre à paraître chez Schemit, *au contact de ce sol âpre et rude, est assez pénible, presque hostile. À l'horizon marin, la pointe que Fontarabie, ocrée sous la lumière crue, s'enfonce dans les eaux glauques et miroitantes du golfe et rompt à peine l'austérité naturelle d'un site farouche.* »

Fulcanelli est à Hendaye pour tenter de déchiffrer le message d'une croix...

Une humble croix de pierre qui ornait autrefois le cimetière communal. Déplacée en 1842 près de l'église. « *Telle est, du moins, l'assurance que nous en donna un vieillard basque, lequel avait rempli, de longues années durant, les fonctions de sacristain.* »

Il faudra attendre 1936 pour que le « dossier Hendaye » fasse son apparition dans un hebdomadaire grand public, la revue *Constellation*, dirigée par une certaine Maryse Choisy. L'article, intitulé « La croix d'Hendaye », paru dans le trente-sixième numéro de cette revue sera signé J.B.. Signalons que Maryse Choisy, qui a fondé auparavant le magazine Votre Bonheur, appartient à l'entourage du docteur Rouhier... Difficile de ne pas voir en J.B. le sieur Jules Boucher, membre du comité de rédaction de *Constellation* comme le sera Robert Ambelain.

L'article signé J.B. puise allègrement dans les notes rédigées par Fulcanelli. Sans doute, avant d'être « traitées » par Eugène Canseliet, ces notes ont-elles transité par Jean Julien Champagne et été recopiées par son jeune aide de laboratoire Jules Boucher... Dans son *Julien Champagne apôtre de la science hermétique*, essai fort bien écrit et documenté, Jean Artero souligne : « D'après un autre disciple français de Canseliet, Jean Laplace (1951-1996), Julien Champagne a bien été sollicité par Fulcanelli en vue de l'élaboration du Finis. » (Le Mercure Dauphinois, 2014.)

Je propose un éclairage complémentaire. Boucher n'est pas venu à Hendaye au lendemain de la mort de Champagne uniquement en repérage dans le cadre de la conception d'un article. Sans doute est-il venu y conduire, muni de son « *Occultum* portatif », une opération magique fort particulière, à la manière du bois de

Meudon. Dans une perspective sinon fin des temps, du moins fin de cycle. En lien avec ce qu'abordera Maryse Choisy un an avant sa mort, dans ses mémoires parus en 1978 chez Emile-Paul, sous un titre plutôt évocateur : *Sur le chemin de Dieu, on rencontre d'abord le diable*.

Magie contre magie, mon aïeul Léon Patin est venu à Hendaye essayer de défaire ce qu'avait fait Boucher, en s'aidant d'un autre rituel.

Un rituel « fixé » par une *attache* sortie de son four à étoiles.

CHAPITRE 38

En 1957, nous le savons, Canseliet fait rééditer *Le Mystère des cathédrales* chez un petit éditeur parisien, Jean Lavritch, passionné d'occultisme. Lavritch a fondé l'Omnium Littéraire, doté d'une diffusion plutôt lente qui lui vaut d'être baptisé « l'Omnibus Littéraire »... L'ouvrage paraît avec l'adjonction d'un chapitre appelé à faire couler des flots d'encre jusqu'aux États-Unis : la croix cyclique d'Hendaye.

Pour les exégètes, ce chapitre figurait dans le paquet de notes relatif au troisième ouvrage, lequel devait s'intituler *Finis Gloriae Mundi* avant que l'opération soit annulée et le paquet de notes récupéré dans les circonstances que l'on sait.

Je serais enclin à y voir un « réajustement » imposé par les circonstances. Et pas nécessairement l'article signé J.B., paru en 1936 dans l'hebdomadaire *Constellation*. Si la parution de l'article de J.B. avait fait des vagues dans les milieux occultistes, pourquoi avoir attendu vingt ans pour réagir ? Là, la boutade « Omnibus » mériterait d'être appliquée. Vingt ans pour sortir un chapitre d'un tiroir, vingt ans pour décider de l'illustrer de trois dessins de Champagne restés jusque-là dans les cartons !

Je regarderai plutôt vers l'Espagne... Une fois de plus.

1957, c'est tout juste quatre ans après la première (vraiment ?) « convocation » de Canseliet par Fulcanelli en terre espagnole. Il a fallu que se tienne un convent à risque ou que se produisent, aux yeux de Fulcanelli, des événements suffisamment importants pour qu'il dépêche, au printemps 1953, une « escorte » à Paris afin de convoyer Canseliet jusqu'à Séville... Si événements il y eut, pour tenter de les dénombrer, sans doute faut-il commencer par lorgner vers Jean-Marquès Rivière, réfugié chez Franco, ou Lydie Bastien qui frayait avec des barbouzes et trafiquants d'armes espagnols. Et prendre en considération le fait que 1953 est une année importante pour la « diplomatie » chère à Fulcanelli. Le dictateur Franco vient de marquer des points avec la signature du Concordat entre l'Espagne et le Saint-Siège. Mais il existe un volet d'une noirceur totale dans l'arrière-cour de ce Concordat. Celui des bébés volés... L'Église espagnole se livre, à l'abri de cliniques et d'institutions religieuses, à un juteux trafic d'enfants qui ne sera découvert que bien plus tard. Et il se murmure dans certains cercles occultistes que quelques bébés se perdraient en chemin pour alimenter des cultes sacrificiels... (Dédiés à Seth et à Sekmith ?) Dans ces conditions, l'adjonction du chapitre sur la croix cyclique d'Hendaye serait la réponse traditionnelle et littéraire à une accélération involutive justifiant, dans les années 1953-1957, un réajustement de l'action menée par le Cercle d'Héliopolis contre les Âmes noires.

En 1966, si l'on en croit Claude Seignolle et son *Invitation au château de l'étrange*, une seconde invitation en terre espagnole serait lancée par Fulcanelli à l'adresse de son disciple. Canseliet viendrait en avion... Travailler pendant une semaine (les sept jours de la *voie sèche* chère à Flamel) avec le Maître dans son laboratoire castillan ? C'est ce qu'allait laisser entendre Canseliet.

Œuvrer à l'obtention de la pierre philosophale ? Je ne le crois pas. L'obtention de la pierre est une démarche individuelle, personnelle.

Si travail au fourneau il y eut pendant sept jours en Castille en 1966, comme peut-être treize ans plus tôt en Andalousie, sous la direction de Fulcanelli, c'est à mon avis pour toute autre chose... La fabrication ou la remise de « munitions » dans le cadre de la guerre contre les Âmes noires.

La fabrication, la remise d'*attaches*.

La raison d'être de l'alchimie verrière pratiquée en leur temps par Léon Patin, Roger Schneider et Marcel Dana.

CHAPITRE 39

Cerise de verre sur le gâteau alchimique de Fulcanelli, telle est la Croix cyclique d'Hendaye.

Ultime clause testamentaire de l'Adepte.

Objet des « attentions » de Jules Boucher et du cercle des serviteurs de Seth au milieu des années 30 et de la contre-attaque rituélique de mon aïeul Léon Patin, la Croix d'Hendaye, nous le savons, a fait l'objet d'une étude signée Fulcanelli ajoutée par Canseliet, en 1957, au *Mystère des cathédrales*.

L'érection de cette croix cyclique en terre basque constitue une mise en garde fraternelle à l'adresse de l'humanité.

Un signe des temps, eût dit Guénon. Pour moi, un ultime « réajustement » de l'action thérapeutique, pédagogique et littéraire de Fulcanelli. Trente ans après le retrait du *Finis Gloriae Mundi*, l'Adepte a incité Canseliet à faire cet ajout au *Mystère* lors de la réédition de 57 chez Lavritch. Initiative qui peut se comprendre. Jules Boucher avait ouvert une brèche, Fulcanelli était le plus à même de la colmater pour éviter toute exploitation involutive sans pour autant rompre avec la logique du retrait des notes empêchant la publication du dernier titre de la trilogie.

Écoutons le Maître : « *Quoi qu'il en soit de son ancienneté, la croix d'Hendaye, par la décoration de son piédestal, se montre bien le plus singulier monument du millénarisme primitif, la plus rare traduction symbolique du chiliasme, que nous ayons jamais rencontrés.* »

Le chiliasme dont parle Fulcanelli est une doctrine très orthodoxe, répandue au IIe siècle après Jésus-Christ dans le Bassin méditerranéen. Elle repose sur la croyance en la destruction de la terre pour permettre le Jugement dernier et sa transformation en un monde nouveau... Bref, le feu et le sang du Kali Yuga avant le règne de Dieu sur terre.

« On sait que cette doctrine, acceptée tout d'abord, puis combattue par Origène, Saint Denys d'Alexandrie et Saint Jérôme, bien que l'Église ne l'eût point condamnée, faisait partie des traditions ésotériques de l'antique philosophie d'Hermès. Nous devons reconnaître que l'obscur artisan de ces images incarnait une science profonde et de réelles connaissances cosmographiques. »

Fulcanelli reconnaît ici que la science des correspondances entre le ciel et la terre (à commencer par les mégalithes reproduisant la Grande Ourse en certains lieux de la planète), la connaissance des phases de destruction jalonnant le Kali Yuga font partie intégrante de la philosophie d'Hermès qui est aussi, voire avant tout, la *voie du verre* !

Cette voie a été empruntée dans les années 1920 par Fulcanelli et Jean Julien Champagne sans avoir éveillé le moindre soupçon du côté de Pierre Geyraud, Jules Boucher et Robert Ambelain, ou, si soupçon il y eut, sans avoir entraîné de riposte littéraire. Mais elle a aussi été empruntée par Léon Patin, Roger Schneider et François Jollivet Castelot. Puis, après la trahison de Champagne (passé à l'ennemi au milieu ou à la fin des années 20) et la mort de Schneider, Jollivet Castelot et Patin (respectivement en 1932, 1937 et 1941), cette voie est devenue, jusqu'en 1947, celle de Marcel Dana, petit-fils de Patin... Avant de devenir peut-être celle d'Eugène Canseliet en 1953 au regard de sa venue à Séville, à l'initiative de Fulcanelli. (Si Canseliet n'a pas emprunté la voie du verre, il l'a en tout cas protégée en observant un mutisme total à son endroit.)

Reste Hendaye.

Son estuaire de la Bidassoa et sa baie de Xingudy ont toujours été convoités par l'Espagne. Hendaye, pour les Espagnols, n'était pas un port de pêche, mais un bourg de la ville d'Urrugne. Théoriquement, le traité des Pyrénées, signé en 1659 sur l'île des Faisans, au milieu de la Bidassoa, devait sceller une alliance « définitive » entre Français et Espagnols, mais les conflits n'en cessèrent pas pour autant. Et on peut se demander si, en 1953, l'Espagne « charitable » de Flamel et de Fulcanelli n'entend pas continuer d'exercer un droit de regard « invisible » sur la Bidassoa... C'est peut-être, dans le cadre de la voie du verre, le sens du voyage-gigogne en Espagne de Canseliet au printemps 53, car la Croix cyclique d'Hendaye va faire son apparition dans *Le Mystère des cathédrales* quatre ans après le voyage précité.

La cosmographie, l'acupuncture terrestre à coups de méga-lithes et d'attaches sorties des fours à étoiles obéissent à des lois supérieures à celles de la géopolitique. Dans son pertinent *Fulcanelli et le mystère de la croix d'Hendaye*, Axel Brücker s'attarde sur le rapport singulier que la cité basque, chère à l'Adepte, entretient avec les étoiles : « un rapport unique au monde. Si un jour un vaisseau spatial se posait sur la Terre, il n'est pas interdit de penser qu'il se poserait sur Hendaye.

"Il y a, d'un côté de la ville, juchée sur sa petite colline, la croix d'Hendaye avec le mystère de l'étoile du socle, Vénus évidemment, ainsi que celui des étoiles qui entourent la figure du soleil. Avertissement probable du basculement de la terre par rapport au soleil. Étrange et inquiétant. Ce sont d'ailleurs les étoiles qui restent les plus énigmatiques, les plus difficiles à expliquer sur notre croix.

'De l'autre côté, en haut de la corniche, au bord de l'Océan, au-dessus de la plage, l'étrange et magnifique château d'Abbadia, construit par Antoine d'Abbadie. (...) Difficile enfin de parler de Fulcanelli, de la famille de Lesseps, de l'Institut des Sciences, de Viollet-le-Duc, de l'observation des étoiles et de la rotation irrégulière de la Terre sans parler encore de lui. (...) Arago l'enverra faire un premier voyage d'études au Brésil pour l'Institut. Puis Antoine part, avec son frère Arnaud, en Éthiopie. Ils voyageront presque dix ans dans cette partie de l'Afrique à la recherche, entre autres, des mystérieuses sources du Nil ou de l'origine des religions. Arnaud étant plus l'aventurier et Antoine, plutôt le savant. (...) Antoine d'Abbadie deviendra un membre respecté de l'Académie des sciences et sera même, plus tard, élu à la présidence de la Société de géographie où il succédera à Ferdinand de Lesseps qui l'avait présidée pendant dix ans. Les familles de Lesseps et d'Abbadie étaient très proches.' (Atlantica éditeur, Biarritz, 2013.)

Fulcanelli, proche des Lesseps, s'intéresse à Hendaye. Antoine d'Abbadie, proche des Lesseps, fait construire un château à Hendaye pour y installer un observatoire.

La croix d'Hendaye, pour une poignée d'exégètes, est en rapport avec la fin du Kali Yuga devant mener à l'âge d'Or.

Chapitre 40

Dans leur *Mysteries of the Great Cross of Hendaye* (Destiny Books, 2003), les chercheurs américains Weidner et Bridges, s'appuyant sur les études de l'Américain Paul La Violette, placent dans les Andes un hypothétique lieu de refuge pour les survivants de l'Apocalypse, les rares privilégiés qui, au lendemain du *Finis Gloriae Mundi*, rebâtiront l'âge d'Or. Ils trouvent, en inversant les lettres gravées sur la croix d'Hendaye, la ville d'Urcos, au Pérou.

Urcos, petite ville proche de Cusco où se trouve une croix, aujourd'hui très abîmée, qui aurait ressemblé à la croix d'Hendaye...

Axel Brücker opère différemment. Il mélange comme au Scrabble les lettres gravées sur la croix d'Hendaye et fait du X surmontant l'ensemble de l'inscription dans la pierre un élément interchangeable, une sorte de symbole de la règle du jeu.

X

OCRUXAVES

PESUNICA

Considérant que le X peut être représenté par deux C assemblés dos à dos, Brücker réussit un équilibre parfait avec neuf lettres par ligne et deux X utilisés.

OCCUAVES

RPESUNICA

Et en mélangeant les lettres, il obtient au final :

AVEC INCAS

CUSCO PERU

Un résultat qui n'est guère éloigné de la trouvaille de Weidner et Bridges... Et nous oblige à nous tourner vers Cusco, ancienne capitale de l'Empire Inca.

Cusco la ville-nombril de l'empire du Soleil.

Nicole et Herbert Cartagena, infatigables voyageurs, fins connaisseurs du Pérou, voient en cette ville-nombril le berceau de civilisations grandioses, 'dont la plus connue, l'Inca, acheva son embellissement. C'est une ville qui ne livre pas sur-le-champ ses richesses ; il faut les découvrir soi-même, au hasard des rues, au détour des ruelles qui recèlent autant de secrets inavoués. (...) L'on situe sa véritable fondation, l'Inca, vers les années 1200 de notre ère.' (*Sur la piste des Incas*, Robert Laffont, 1977.)

Les Basques, en l'an 1200, formaient un peuple de marins et de pêcheurs aussi à l'aise en rivière qu'en mer, navigant jusqu'au cap du Figuier. Certains Basques appartinrent-ils à la marine du Temple ? Il n'est pas interdit de le penser. Dans ce cas, ils connurent la vocation secrète du port de La Rochelle : abriter la flotte templière qui allait régulièrement, d'après Jean de La Varende, jusqu'en Amérique où les Templiers exploitaient des mines d'argent (ce qui expliquerait les réserves d'argent dont les Templiers disposaient pour favoriser la construction des cathédrales gothiques). Louis Charpentier, l'ami de Canseliet, partageait l'hypothèse de La Varende. Mon aïeul Léon Patin, fort de ses conversations avec Fulcanelli, penchait pour l'exploitation de mines d'argent au Pérou qui se serait poursuivie longtemps après les bûchers de 1314, expliquant la disparition de la flotte templière au large de La Rochelle en octobre 1307, au nez et à la barbe des sbires de Philippe le Bel... L'exploitation des mines péruviennes ne pouvait s'interrompre, elle était appelée à assurer la survie financière du Temple contraint d'entrer dans la clandestinité.

Fulcanelli, l'alchimiste qui portait un anneau templier avant de découvrir la pierre philosophale, a construit sa légende à partir du *Mystère des cathédrales* lié aux Templiers, donc accessoirement à leurs mines péruviennes.

Léon Patin, l'alchimiste du verre, le couleur d'étoiles, l'étireur de lumière, le coupeur d'infini, disait à sa fille Louise, en 1936, que les Templiers étaient à Cusco lorsque Philippe le Bel allumait ses bûchers parisiens et qu'ils s'y trouvaient encore au moment de leur conversation, occupés à construire *l'Arche de la fin des temps...*

Sous quelle forme ?

Marcel Dana, dans les années 1945-46, voyait en l'Arche de Cusco une cité souterraine, une cité refuge copiée sur le modèle de *l'Agartha*, reliée, par une succession d'étroits boyaux, aux parties basses d'une maison alchimique... Une maison semblable à celles de Séville et de Madrid chères à Fulcanelli.

Un territoire hors du temps.

Une vue de l'esprit, pour paraphraser Claude Seignolle.

POURQUOI ADHERER A L'ODS

En plus de rassembler toute une « faune de l'espace » passionnée de littératures de l'imaginaire, science-fiction, fantastique, fantasy, etc et tant de chercheurs érudits des univers de l'étrange, l'ODS est une association active qui organise ou coordonne de nombreux événements dans les domaines qui nous intéressent.

C'est un fait que l'activité de publication de fanzines qui était son expression principale à ses débuts a dû être transférée vers notre maison d'édition, EODS, faute de lecteurs assidus dans un secteur qui s'est peu à peu reporté vers le web. Certaines revues ont disparu, d'autres sont nées à cette occasion. Force est de nous adapter au potentiel du lectorat d'aujourd'hui, et nous voilà au XXIe siècle !

Toutefois, tout en nous adaptant, nous tenons, à l'ODS, à préserver cette convivialité qui fut toujours la première motivation de notre existence associative. C'est pourquoi nous poursuivons avant tout l'organisation de rencontres, conférences, congrès, dîners thématiques et autres missions scientifiques autour des thèmes qui nous sont chers. Participer à ces nombreuses activités, les organiser ou permettre à certains invités de venir y présenter leurs travaux, voilà aujourd'hui la vocation de l'ODS. Ainsi, tout au long de l'année, vous êtes conviés à nous rejoindre lors de dîners informels, comme celui du Nouvel Eon en janvier, et toutes sortes de rencontres à thèmes intitulées « on the spot », selon le calendrier de la venue d'auteurs en région parisienne, ainsi qu'à des colloques de haute teneur dont ceux organisés à Rennes-le-Château (ARTBS) ou à Paris comme le Congrès Fortéen, les journées Heuvelmans ou Jacques Bergier, etc, mais aussi à nous rendre visite sur les stands des nombreuses conventions auxquels nous participons.

L'organisation de ces événements et la participation de l'association à ceux organisés par d'autres sont aujourd'hui devenus notre activité principale, car c'est ce qui fait vivre notre univers littéraire et préserve ce caractère unique qui nous plaît. Si certains supports de lecture disparaissent petit à petit au profit de medias plus modernes — du fanzine au webzine, des listes de discussions aux réseaux sociaux, etc. — il reste que nous sommes tous attachés aux livres originaux au format papier, non seulement à l'objet que l'on peut aujourd'hui commander en trois clics, mais surtout à ce qui va autour, c'est-à-dire les rencontres, les discussions, le partage et les possibles collaborations qui s'improvisent au gré des initiatives de nos membres les plus passionnés et, bien entendu, au plaisir de lire !

La participation de chacun à cette fourmillante activité littéraire et autour de la littérature se coordonne le plus simplement possible par le moyen de notre association, et c'est la raison d'être de l'ODS. En y adhérant, et surtout en participant par votre présence et votre concours à ces rencontres, ainsi qu'à la naissance et la réalisation de nouveaux projets, vous nous aidez à prolonger la vie de notre multivers littéraire. Bienvenue à tous et merci pour votre présence !

Emmanuel Thibault, membre du Conseil de AODS

LES ÉDITIONS DE L'ŒIL DU SPHINX

SARL au capital de 15.245 €

R.C.S. Paris B 432 025 864 (2000 B11249)

36-42 rue de la Villette
75019 PARIS
Mail ods@oeildusphinx.com
http://www.œildusphinx.com
Tél 09.75.32.33.55
Fax 01.42.01.05.38

Toutes nos parutions sont sur :
boutique.oeildusphinx.com